TALLER DE

Reciclado

Cómo realizar divertidas manualidades con material reciclado

Diego Ronzoni

susaeta

Nota importante:
Para la realización de algunas de las actividades de este libro, se recomienda la supervisión de un adulto.

Proyecto y diseño: Diego Ronzoni
Producción general: Héctor Ronzoni
Textos: Alicia Pereiro / Equipo Susaeta
Corrección: Isabel López / Equipo Susaeta
Diseño de cubierta: Yenia Muñoz / Equipo Susaeta

C/ Campezo, 13 - 28022 Madrid
Tel.: 91 3009100 - Fax: 91 3009118
www.susaeta.com

Taller de

Reciclado

Diego Ronzoni

susaeta

Índice

CON CARTÓN RECICLADO

CAPÍTULO UNO

CON MADERA Y LATAS RECICLADAS

CAPÍTULO TRES

CON PLÁSTICO Y POLIEXPÁN RECICLADOS

CAPÍTULO DOS

Introducción

¡Aprendamos a reciclar!

El acto de reciclar enseña a respetar la naturaleza, a tomar conciencia de la importancia de no descartar objetos que podrían tener una utilidad distinta a aquella para la que originalmente fueron creados.

En los más jóvenes, favorece el desarrollo de la creatividad, agudizando el ingenio e incrementando la capacidad de atención, a la vez que desarrolla la destreza manual y despierta su fantasía.

Contribuye, además, a que dejen volar su imaginación, para convertir cosas usadas o desechables en objetos útiles que sea posible usar diariamente o simplemente jugar con ellos.

Al reciclar, los niños aprenden a valorar el esfuerzo, buscando y teniendo en cuenta elementos que antes descartaban, y comienzan a preguntarse: ¿esto podría servir para algo?

Favorece en ellos el desarrollo del pensamiento constructivo, la autoconfianza y sus deseos de superación, que utilizarán y valorarán toda su vida, sin importar qué carrera elijan o a qué profesión se dediquen.

El libro propone una serie de trabajos fáciles de realizar, que terminan convirtiéndose en manualidades divertidas y novedosas, con distintos grados de dificultad, fotos, gráficos, plantillas y explicaciones al alcance de niños de diferentes edades.

Esta obra resultará de gran utilidad tanto a padres como a maestros, que busquen ideas prácticas y divertidas para sus clases de manualidades, y para fomentar en sus hijos y alumnos otras actividades que todos puedan realizar en sus horas de ocio.

En definitiva, un libro para aprender, divertirse y desarrollar la imaginación y la creatividad.

¡Que paséis un buen rato!

Diccionario ecológico

Atmósfera:
Capa de aire que rodea la Tierra y que hace posible la vida en ella.

Biodegradable:
Que se desintegra con la acción de los agentes biológicos y el paso del tiempo.

Biotipo:
En biología, forma típica de animal o planta que puede considerarse modelo de su especie, variedad o raza.

Biotopo:
En biología, territorio o espacio vital cuyas condiciones ambientales son las adecuadas para que en él se desarrolle una determinada comunidad de seres vivos.

Capa de ozono:
En física, estrato donde se concentra el ozono atmosférico, de espesor variable y situado entre 10 y 50 km de altura, que resulta de gran importancia biológica porque atenúa los efectos de la radiación ultravioleta.

Combustión nuclear:
Conjunto de reacciones nucleares con producción continuada de enormes cantidades de calor, que tiene lugar en las estrellas y en los reactores nucleares.

Contaminación:
Acción y efecto de contaminar. Variación de un elemento natural hacia un estado que resulta nocivo para los seres vivos.

Ecología:
1. Ciencia que estudia las relaciones de los seres vivos entre sí y con su entorno. ll 2. Parte de la sociología que estudia la relación entre los grupos humanos y su ambiente, tanto físico como social. ll 3. Defensa y protección de la naturaleza y del medio ambiente.

Ecologismo:
Movimiento sociopolítico que, con matices diversos, propone la defensa de la naturaleza y, en muchos casos, la del hombre en ella.

Ecologista:
Persona que aboga por la necesidad de proteger la naturaleza.

Efecto invernadero:
Elevación de la temperatura de la atmósfera próxima a la corteza terrestre, por la dificultad de disipación de la radiación calorífica, provocada por la presencia de una capa de óxidos de carbono de las combustiones industriales.

Envases biodegradables:
Aquellos que están hechos de un material que se descompone fácilmente y que, por ese motivo, es absorbido por la tierra biológicamente.

Gas:
Fluido que tiende a expandirse indefinidamente y que se caracteriza por su pequeña densidad, como el aire.

Invernadero:
Recinto en el que se mantienen constantes la temperatura, la humedad y otros factores para favorecer el cultivo de plantas.

Lluvia ácida:
Precipitación en la atmósfera de las emisiones industriales de contaminantes ácidos, como óxidos de azufre y de nitrógeno, óxidos metálicos, etc.

Microorganismo:
Organismo microscópico, como los microbios o bacterias.

Oxígeno:
1. Elemento químico de número atómico 8. Muy abundante en la corteza terrestre, constituye casi una quinta parte del aire atmosférico en su forma molecular O_2. Forma parte del agua, de los óxidos, de muchos ácidos y sustancias orgánicas, y está presente en los seres vivos. Gas más pesado que el aire, incoloro, inodoro, insípido y muy reactivo, es esencial para la respiración y activa los procesos de combustión. ll 2. Gas de este elemento en su forma molecular.

Ozono:
En química, estado alotrópico del oxígeno, producido por la electricidad, de cuya acción resulta un gas muy oxidante, de olor fuerte

a marisco y de color azul cuando se licúa. Se encuentra en muy pequeñas proporciones en la atmósfera después de las tempestades.

Ozonosfera:
En física, estrato donde se concentra el ozono atmosférico, de espesor variable y situado entre 10 y 50 km de altura, que es de gran importancia biológica porque atenúa los efectos de la radiación ultravioleta.

Reciclar:
Someter un material usado a un proceso, para que pueda volver a utilizarse.

Repoblación forestal:
Volver a plantar árboles en una zona que ha perdido por alguna causa su masa forestal.

Reserva forestal:
Espacio natural regulado para la conservación de especies animales y vegetales.

Smog:
Niebla persistente, sumamente tóxica, cargada de hollín, gases y otras materias que se encuentra en suspensión, generalmente sobre las ciudades, debido a los gases que emanan de los coches, otros transportes y las chimeneas humeantes de las fábricas.

Termosfera:
En física, capa de la atmósfera situada por encima de los 85 km de altura y sin límite superior definido que se caracteriza por un incremento continuo de la temperatura.

Capítulo 1

Con cartón reciclado

Juego de damas

Materiales

- Una caja de pizza
- Pincel
- Pegamento universal
- Lápiz
- Regla
- Tijera
- 12 tapones de plástico amarillo
- 12 tapones de plástico naranja
- Cartulina amarilla
- Cartulina naranja

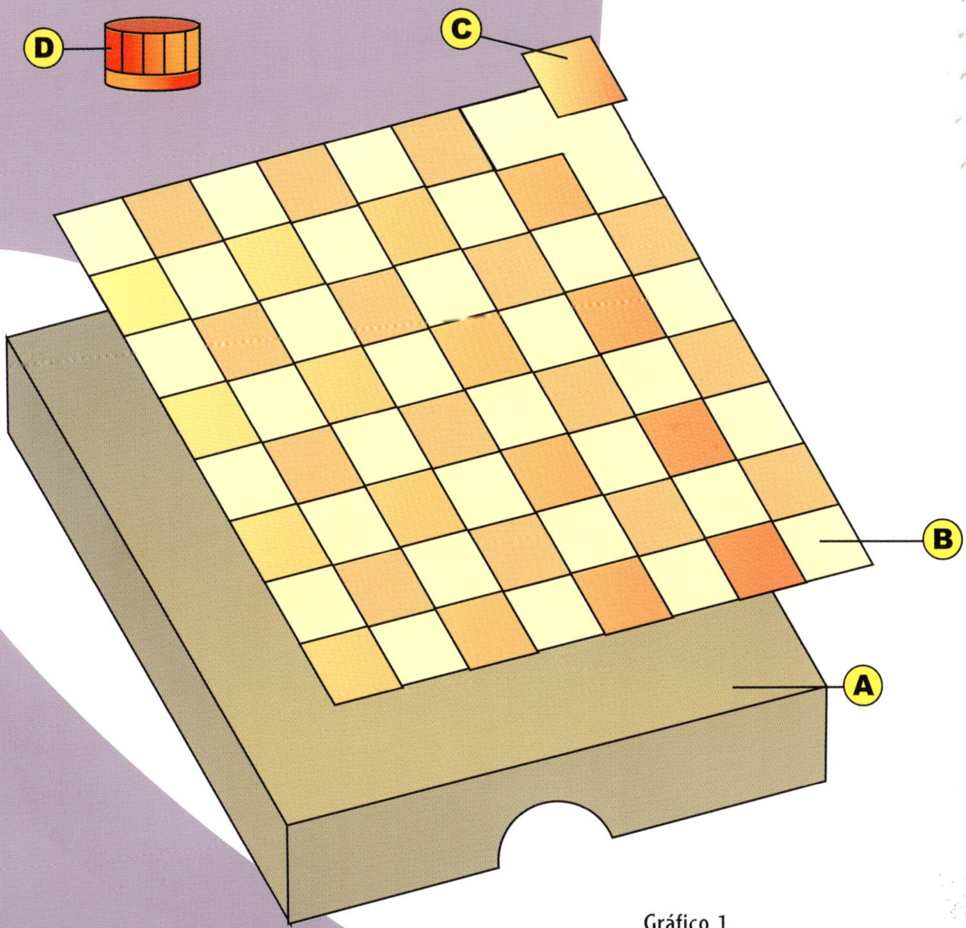

Gráfico 1

Realización

Pinta de color negro el borde de la caja y déjalo secar.

Pega sobre la tapa la base de cartulina amarilla (B).

Luego, acomoda y pega los cuadrados color naranja, en forma de damero, como muestra el modelo terminado.

FICHAS
Reúne 24 tapones de refresco, 12 de cada color, y utilízalos como fichas.

Y ahora ya puedes jugar con tu nuevo tablero de damas.

Piezas

- (A) Caja de cartón
- (B) Base de cartulina amarilla
- (C) 32 cuadrados de cartulina naranja
- (D) 24 tapones de plástico

Chinita linda

Materiales

- 1 cono de cartón, de los utilizados para contener patatas fritas
- Pegamento universal
- Tijera
- Alfileres de cabeza grande (2 amarillos y 4 rojos)
- 2 perlas negras grandes
- Media esfera de poliexpán (corcho blanco) de 6 cm de diámetro
- Pincel
- Pinturas acrílicas roja, dorada y negra
- 8 x 7 cm de tela o cinta dorada
- 1 botón rojo y negro
- Cartón 5 x 5 cm

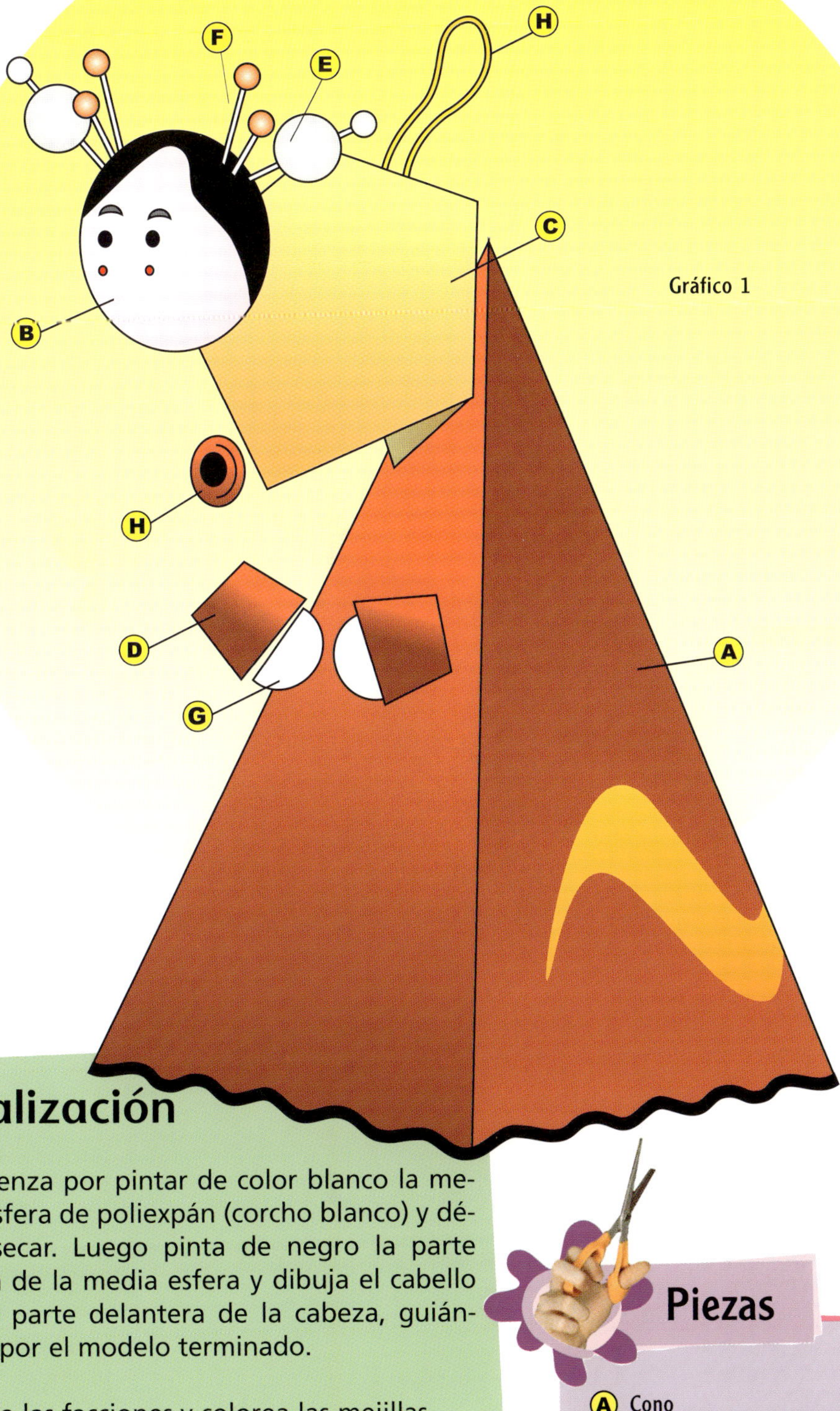

Gráfico 1

Realización

Comienza por pintar de color blanco la media esfera de poliexpán (corcho blanco) y déjala secar. Luego pinta de negro la parte plana de la media esfera y dibuja el cabello en la parte delantera de la cabeza, guiándote por el modelo terminado.

Dibuja las facciones y colorea las mejillas.

Corta la base de la caja con ondas para imitar el vestido.

Pinta el exterior de la caja de color rojo y el interior de negro. Remarca las ondas con negro para lograr una mejor terminación.

Dibuja las líneas negras y doradas sobre las mangas (F).

Piezas

- (A) Cono
- (B) Cabeza: esfera de poliexpán
- (C) 1 pieza de cinta dorada
- (D) Mangas: 2 piezas de cartón rojas
- (E) Rodete: 2 perlas negras y 2 alfileres amarillos
- (F) Chinchetas de adorno: 4 de color rojo
- (G) Manos: 2 piezas de cartón blanco
- (H) Botón

Plantillas

Traslada las plantillas y córtalas en los materiales indicados.

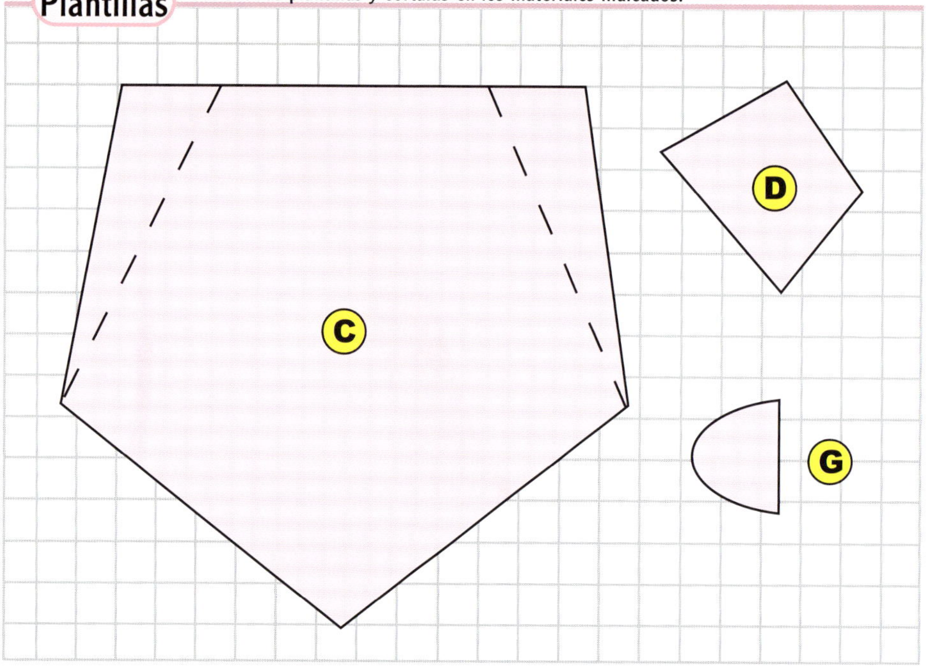

IMPORTANTE

Pinta el exterior de la caja de color rojo y el interior de negro. Remarca las ondas con negro para lograr una mejor terminación. Dibuja las líneas negras y doradas sobre las mangas (F).

CUERPO

Dibuja con pintura dorada los dragones del cuerpo.

Guiándote por el gráfico 1 pega las manos (G) debajo de cada manga (D) y luego coloca ambas en la parte delantera.

CABEZA

Adhiere la pieza de cinta dorada (C) detrás de la esfera.

Prepara uno de los rodetes del cabello introduciendo un alfiler amarillo dentro de la perla negra.

Repite la operación con la otra perla e introduce cada una de ellas a un lado de la cabeza.

Coloca también los 2 alfileres rojos a cada lado del cabello.

Cartera baulito

Materiales

- 1 bote de cartón (generalmente utilizados para conservar dulces)
- Espuma recortable roja, azul y blanca
- Tijera
- 7 encuadernadores
- Pegamento universal
- Pincel
- Pintura acrílica roja

Piezas

(A) Bote de cartón

TAPA DE LA CARTERA

(B) 1 pieza de espuma azul

(C) 2 piezas de espuma blanca

(D) 1 pieza de espuma roja

ASA

(E) 1 pieza de espuma blanca

(F) 1 pieza de espuma roja

(G) Adorno: 1 pieza de espuma recortable blanca

(H) 2 trozos de velcro (para cerrar la cartera)

Gráfico 1

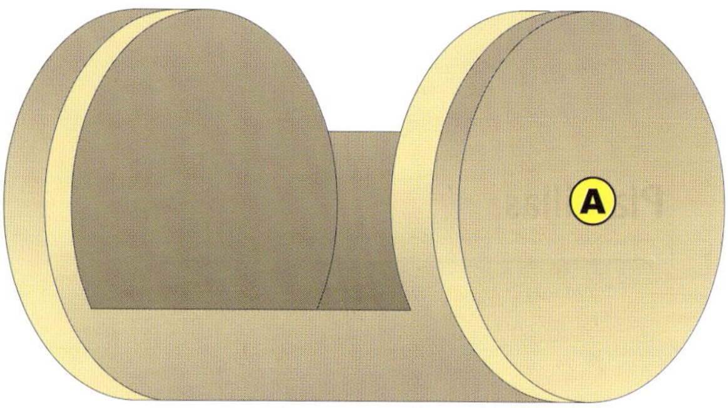

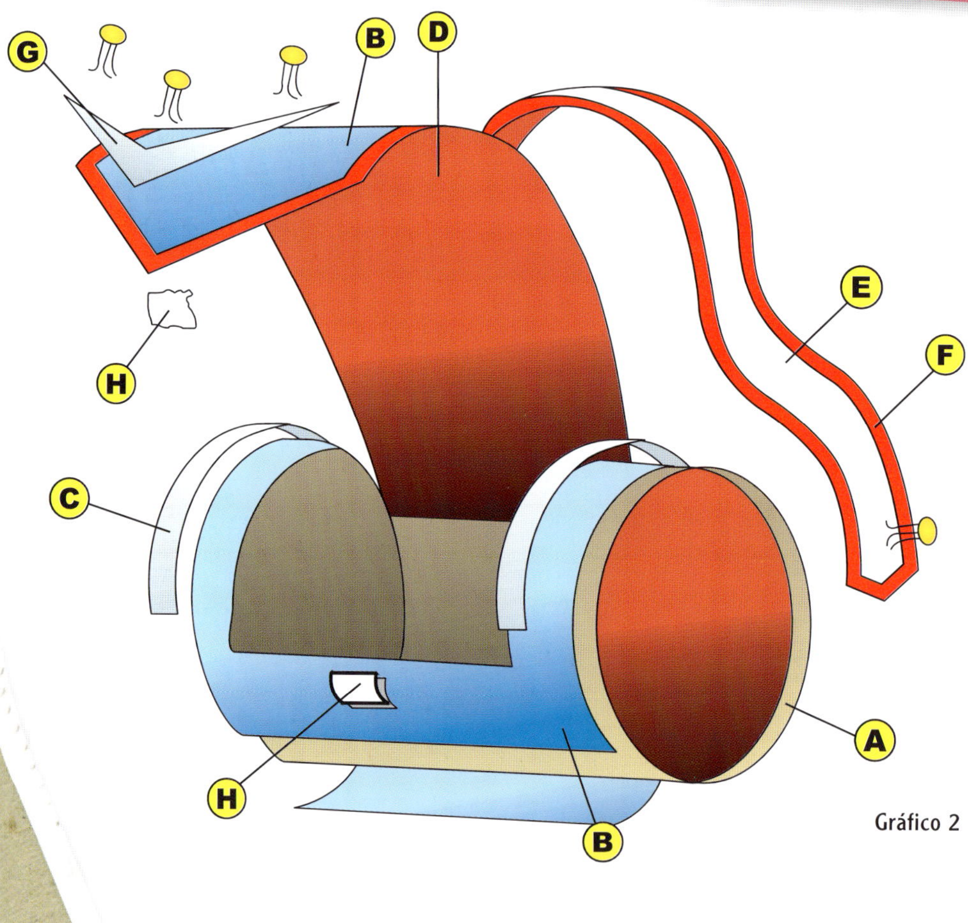

Gráfico 2

Realización

Antes de comenzar a montar la cartera es importante que realices cuidadosamente el corte del bote de cartón:

El gráfico 1 indica la forma en la que deberás cortar el bote de cartón para obtener la abertura de la cartera.

Marca con un lápiz la abertura que indica el dibujo. Luego, con un cúter realiza el corte teniendo cuidado de que los bordes queden lisos y suaves al tacto (gráfico 1). Para esto, pide ayuda a un adulto.

Pinta la base y la tapa de la caja de color rojo y déjalas secar. Con una tira de 3 cm de papel azul forra con cuidado el corte realizado. De esa manera, cuando la abras mostrarás una buena terminación.

Corta la pieza de espuma recortable azul (B) y realiza el corte interno que servirá de tapa. Luego, corta la pieza roja (D) y pégala por detrás como indican las plantillas y el gráfico 2.

Luego, pega la pieza ya formada alrededor del bote, de modo que las aberturas del bote y del forro coincidan.

Pega el adorno de la tapa (G) y coloca los encuadernadores como muestra el dibujo.

ASA

Pega la pieza blanca (E) sobre la roja (F), de manera que el borde saliente quede liso. Sujeta el asa a la cartera, fijándola con los encuadernadores a ambos lados, como muestra el modelo terminado.

Plantillas

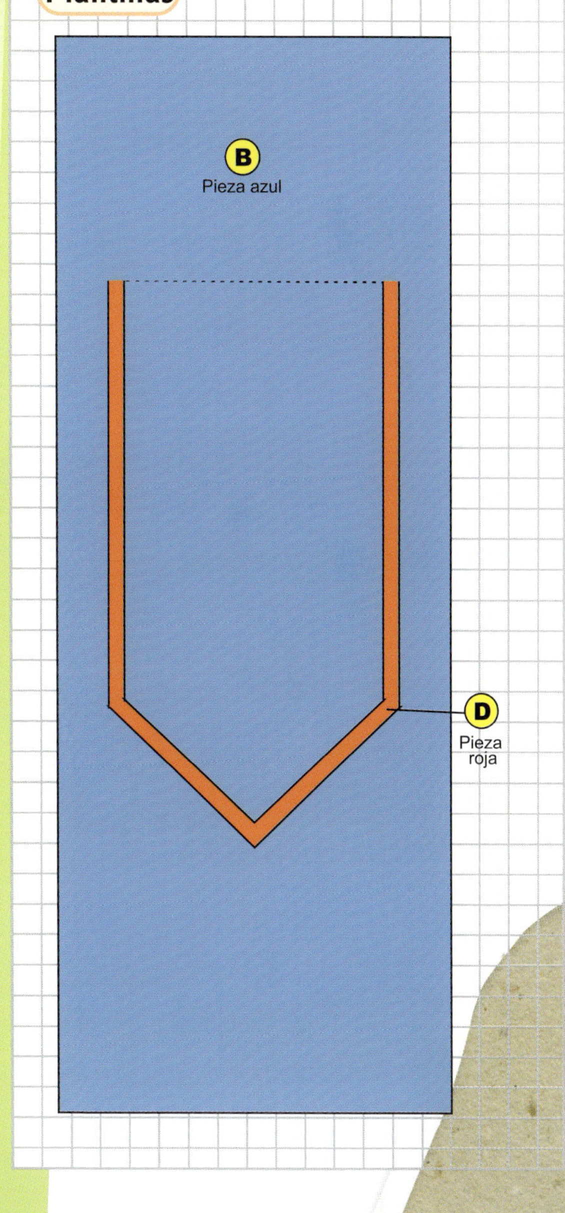

Jirafa

Un divertido palo de lluvia

Materiales

- 2 tubos de cartón, de papel de cocina
- Pegamento universal
- Cartón
- Espuma recortable amarilla
- Cartulinas rosa, amarilla y marrón
- 2 tapas de plástico que encajen en el rollo de cocina
- 1 par de ojos de plástico
- Cola vinílica
- Pincel
- 2 chinchetas de plástico amarillas
- Para rellenar el palo de lluvia: 1 taza de arroz

Piezas

- (A) Cuerpo: formado por 2 tubos de cartón
- (B) Cabeza: 1 pieza de cartulina amarilla
- (C) Orejas: 2 piezas de espuma recortable amarilla
- (D) Parte interna de las orejas: 2 piezas de cartulina rosa
- (E) 2 tapas de plástico que irán situadas encima y debajo de los rollos de cocina
- (F) Cuernos: 2 chinchetas de plástico amarillas
- (G) Ojos: 1 par de ojos de plástico

Plantillas

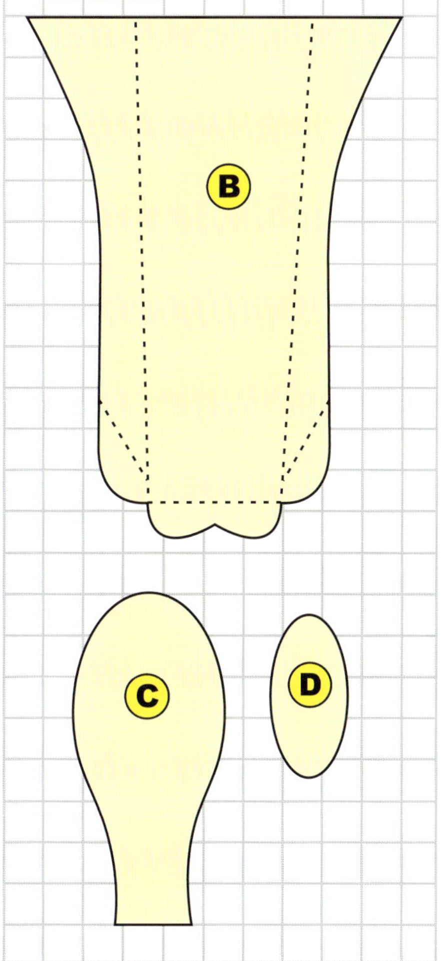

Traslada las plantillas y córtalas en los materiales indicados.

Realización

Para formar el cuello de la jirafa, comienza por unir entre sí ambos tubos de cartón con un trozo de cinta adhesiva.

Luego, forra el conjunto con cartulina amarilla. Pinta las tapas, una de amarillo y otra de marrón, y déjalas secar.

Coloca las tapas de plástico en los dos extremos del tubo ya formado. Recuerda que la marrón deberás colocarla en la parte inferior.

MANCHAS DEL CUERPO
Puedes pintarlas con témpera marrón u optar por recortar círculos de diferentes tamaños y situarlos como muestra el modelo.

Pega los ojos y coloca los cuernos sobre la cabeza de la jirafa.

Retira la tapa de abajo, rellena el palo con un puñado de arroz y vuelve a colocar la tapa.

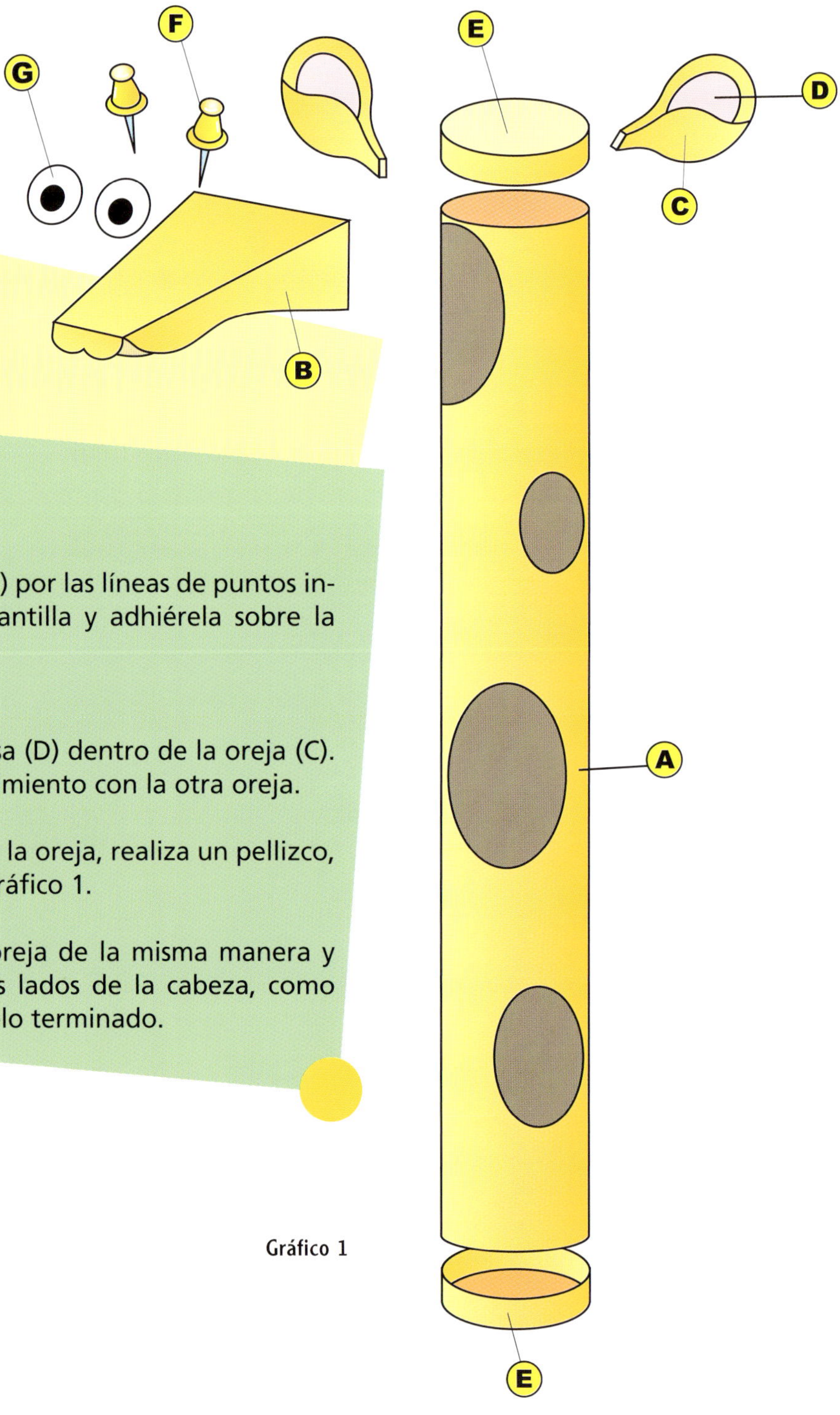

Gráfico 1

CABEZA
Pliega la pieza (B) por las líneas de puntos indicadas en la plantilla y adhiérela sobre la tapa amarilla.

OREJAS
Pega la parte rosa (D) dentro de la oreja (C). Repite el procedimiento con la otra oreja.

Para dar forma a la oreja, realiza un pellizco, como indica el gráfico 1.

Realiza la otra oreja de la misma manera y pégalas a ambos lados de la cabeza, como muestra el modelo terminado.

Tres en raya

Realización

BASE DEL JUEGO
Comienza por cortar la huevera de modo que quede un cuadrado con tres huecos por lado.

Píntalo de color verde y déjalo secar.

FICHAS
Pinta las esferas de poliexpán (corcho blanco): 3 de color amarillo y 3 de color naranja. Déjalas secar.

Materiales

- 1 huevera de cartón
- Acrílicos verde, amarillo y naranja
- Rotulador negro
- 6 esferas de poliexpán (corcho blanco)
- 6 pares de ojos de plástico
- Espuma recortable verde claro y oscuro
- 6 chinchetas verdes
- Tijera
- Pincel

Piezas

- (A) Tablero: 1 trozo de cartón de huevos
- (B) Fichas: 6 esferas de poliexpán
- (C) Hojas: 3 hojas de espuma recortable verde claro y 3 de color verde oscuro
- (E) 6 chinchetas de plástico

Montaje

Toma una esfera y pega los ojos; dibuja la boca que corresponda, según se trate de una bola de color amarillo o de color naranja.

Coloca sobre la cabeza las hojas (C), sujetándolas con la chincheta de plástico (E).

Y ahora ya puedes comenzar a jugar con ellas.

Plantillas

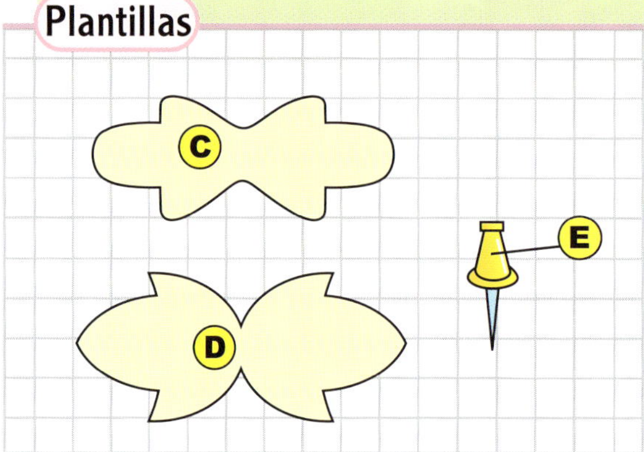

Traslada las plantillas y córtalas en los materiales indicados.

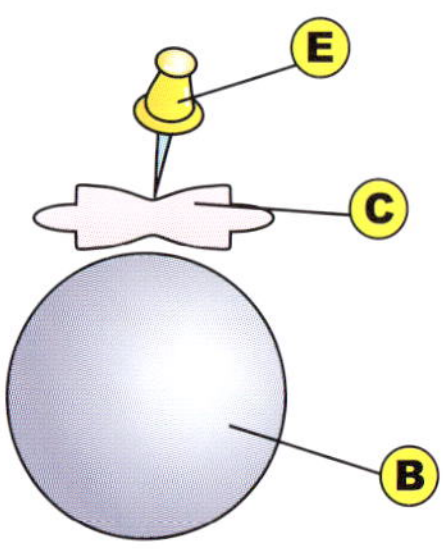

Gráfico 1

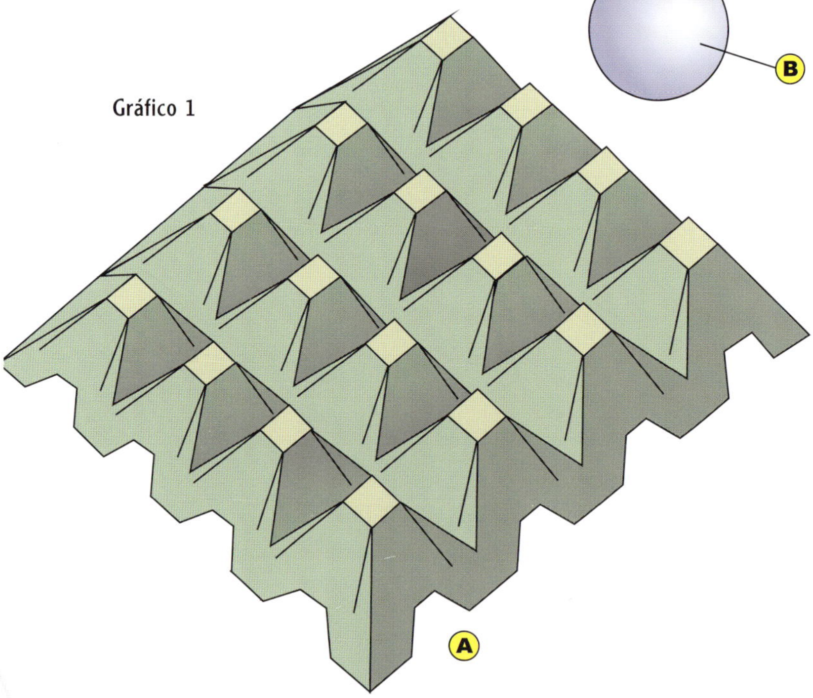

Futbolín

Materiales

- 1 caja de cartón de 53 x 35 x 13 cm de profundidad
- 6 tubos de papel higiénico
- 4 corchos
- Acrílicos beis, azul, marrón y dorado
- Pincel
- 6 tapones de plástico que ajusten en los tubos de papel higiénico (3 azules y 3 rosas)
- Papel rayado marrón y dorado
- Papel grueso (o cartulina) verde y negro
- Pegamento universal
- Cola vinílica
- 4 varillas de madera de 0,5 x 55 cm
- 1 esfera de poliexpán (corcho blanco) de 4 cm de diámetro

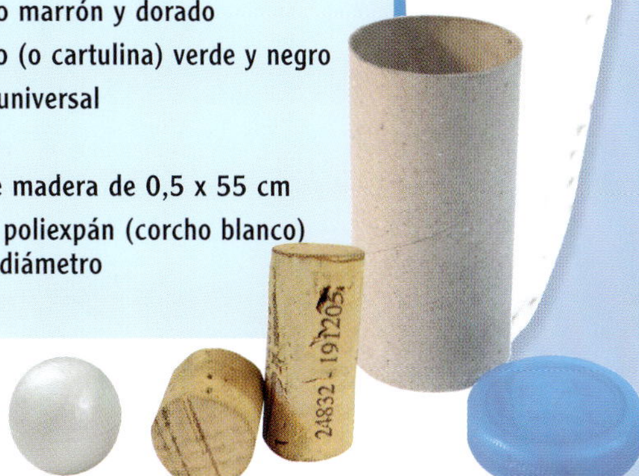

IMPORTANTE

Los colores se dan como sugerencia pero recuerda que puedes cambiarlos a tu gusto. Si decides utilizar otros diferentes a los sugeridos, debes tener en cuenta que 3 jugadores deben ser de un color y los otros 3 de otra tonalidad diferente, ya que representan a equipos adversarios.

CAJA
Si consigues otra caja de diferentes medidas, deberás adaptar el tamaño de las piezas al de tu caja.

Gráfico 2

Gráfico 1

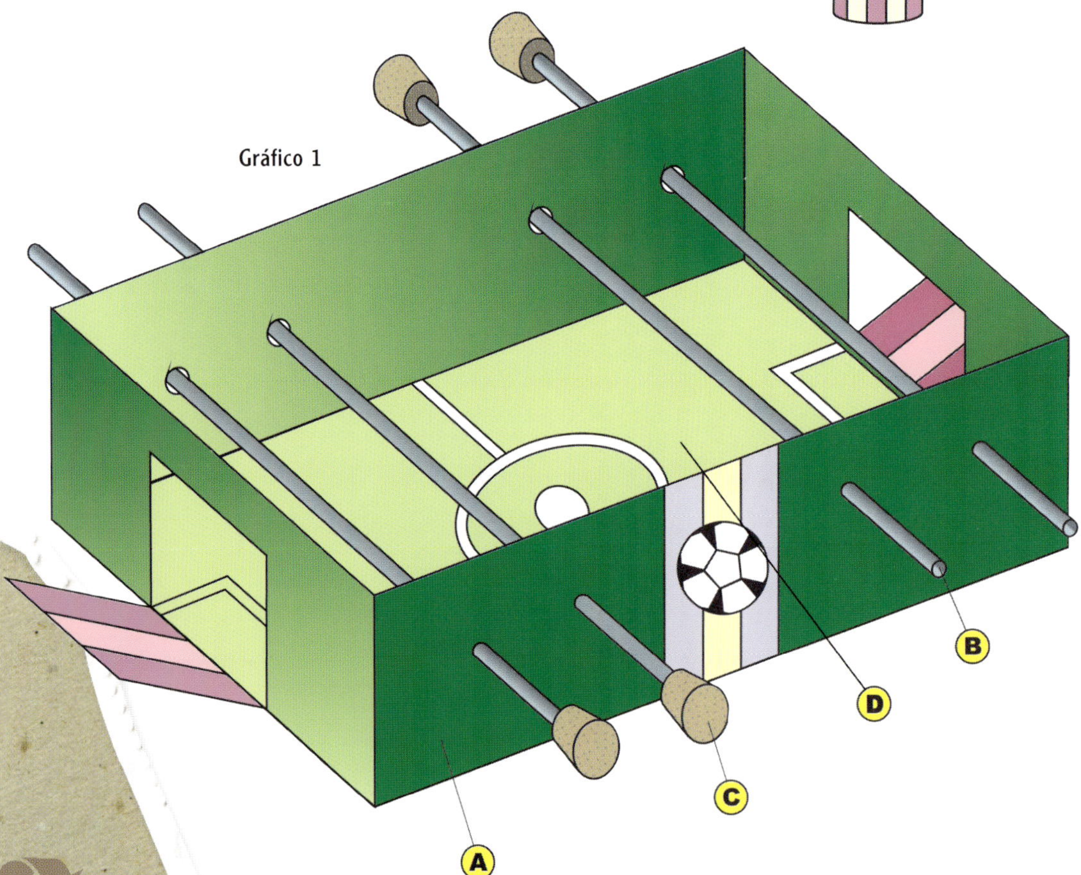

Realización

Sobre la pieza (D), que imitará el césped, dibuja las rayas blancas y el círculo del centro, y las áreas de las porterías.

Luego, pega la pieza (D) en el interior de la caja, procurando que quede bien adherida.

En los dos lados más largos de la caja, corta con un cúter los agujeros para las varillas y en la parte estrecha realiza las aberturas que simularán las porterías. Pide ayuda a un adulto.

Para realizar los jugadores debes pintar de color rosa la mitad de cada tubo de papel higiénico (F) e imitar las caras, y luego dejarlos secar.

A continuación, forra con papeles de colores la parte inferior o cuerpo.

Colorea también las tapas (E), 3 de color azul y 3 de color rosa, déjalas secar y colócalas sobre cada jugador.

Realiza en cada jugador las perforaciones que te permitirán pasar las varillas.

Luego, pega los ojos y dibuja la boca.

Montaje final

Guiándote por el modelo terminado, introduce las varillas a través de las perforaciones y coloca los corchos (C) que servirán de tope y evitarán que las varillas se salgan de la caja.

PELOTA
Pinta la pelota a tu gusto.

Y ahora ya está listo para que juegues con tus amigos.

Piezas

- (A) Caja de cartón de 53 x 35 x 13 cm
- (B) 2 varillas de madera de 55 cm x 0,5 cm
- (C) 4 corchos
- (D) Césped: 1 pieza de cartulina verde de 53 x 35 cm

JUGADORES

- (E) Terminación: 6 tapas de plástico (3 azules y 3 rosas)
- (F) Cuerpos: 6 tubos de papel higiénico
- (G) Ojos: 6 pares de ojos de plástico

PELOTA

- (H) 1 esfera de poliexpán de 4 cm de diámetro

Tiburón tragabolas

Muy hambriento de pececitos

Materiales

- 1 cono de cartón, de los utilizados para contener patatas fritas
- Pegamento universal
- 1 par de ojos de plástico
- Pinturas acrílicas blanca, gris y roja
- Cartulinas blanca y roja
- 30 cm de cordón negro
- Espuma recortable gris y negra
- 1 esfera de poliexpán (corcho blanco) de 4 cm de diámetro
- Lápiz y regla
- Pincel
- Tijera
- Rotulador negro

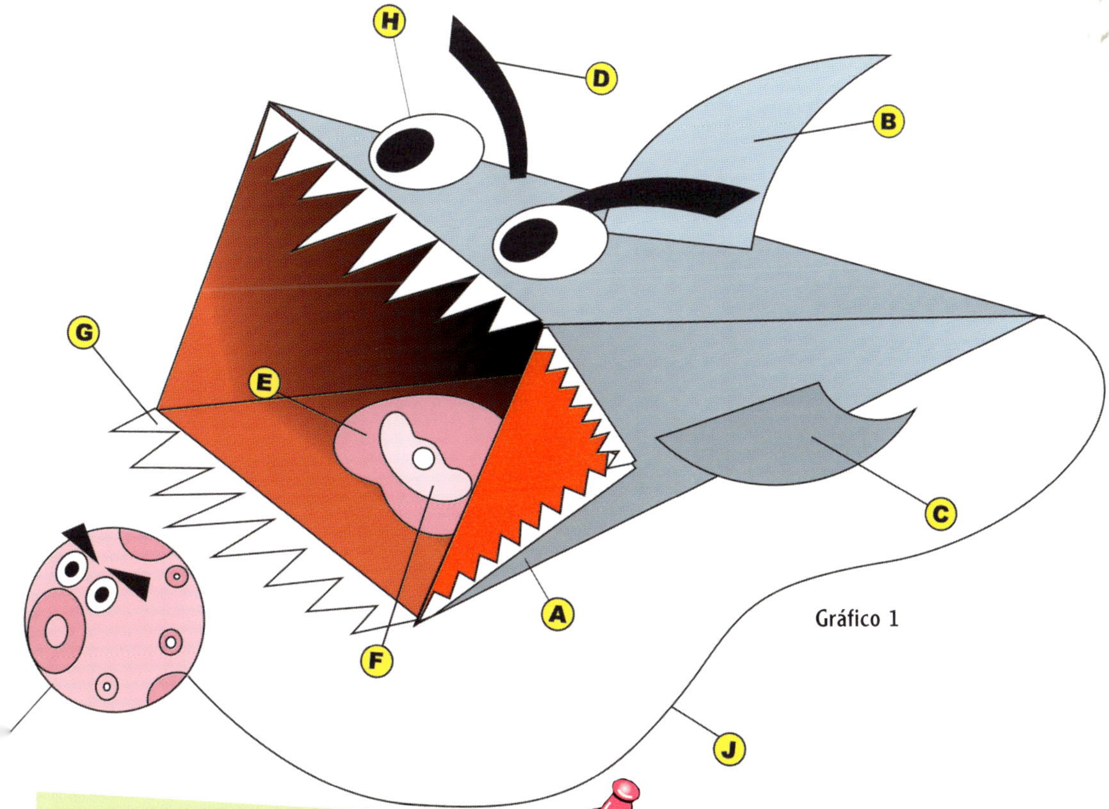

Gráfico 1

Realización

Coge el cono de cartón y pinta el exterior de color gris y el interior de rojo, ya que imitará la boca del tiburón.

Cuando la pintura esté seca deberás pintar de color rojo el triángulo exterior, que imitará la abertura de la boca, y pegar sobre él los dientes más pequeños.

DIENTES
Pega los dientes (G) en los bordes superior e inferior de la abertura de la caja.

Recuerda que ya has pegado en cada triángulo rojo los dientes más pequeños, a ambos lados de la boca.

En la parte superior adhiere los ojos de plástico (H), la aleta (B) y las aletas laterales (C)

PECECITO COLGANTE
Pinta la esfera de color rosa y dibuja pequeños círculos blancos y rosa intenso para imitar las manchas del pececito. Luego, pega los ojos, la boca y las cejas sobre la esfera, y dibuja las pupilas con rotulador negro.

Piezas

CUERPO
- (A) Cono de cartón
- (B) Aleta superior: 1 pieza de espuma recortable gris
- (C) Aletas laterales: 2 piezas de espuma recortable gris
- (D) Cejas: 2 piezas de espuma recortable negra

LENGUA
- (E) 1 pieza de cartulina rosa oscuro
- (F) 1 pieza de cartulina rosa claro
- (G) Dientes: Piezas de cartulina blanca
- (H) 1 par de ojos de plástico

PECECITO COLGANTE
- (I) 1 esfera de poliexpán
- (J) Cuerda fina de 50 cm

Plantillas

Traslada las plantillas y córtalas en los materiales indicados.

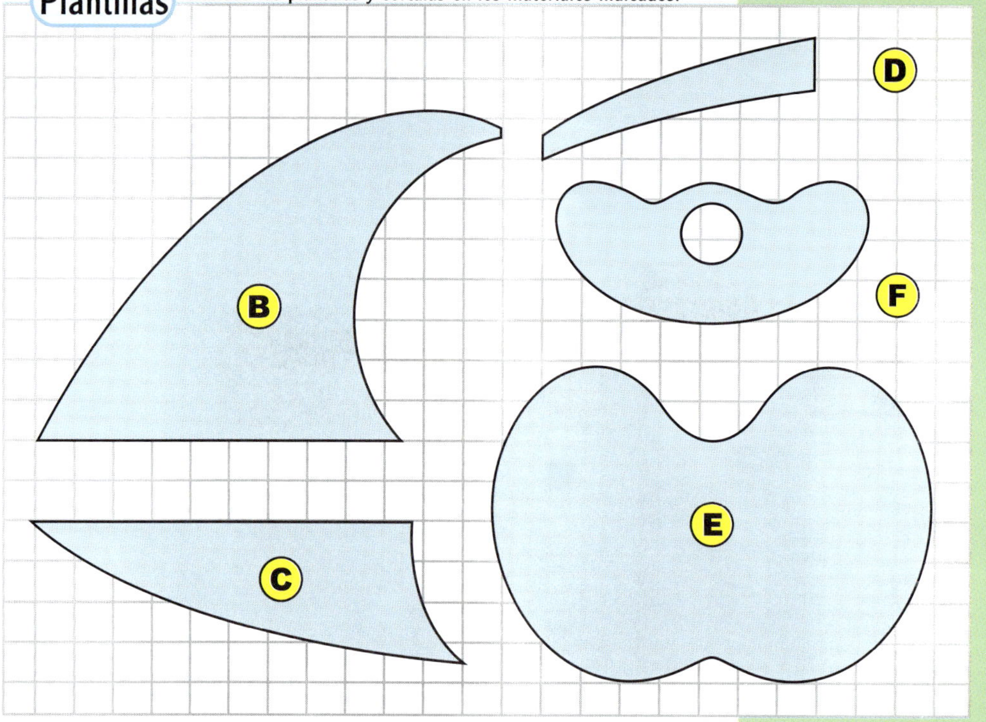

¿Sabías que...?

Nuestro planeta no llega a absorber el gigantesco volumen de desechos de botellas, papel, cartón, latas, bolsas y plásticos que se usan a diario en millones de cocinas. Por ese motivo cada uno de nosotros debemos poner en práctica diversas acciones para reciclarlo TODO en la cocina.

Realiza una perforación en el extremo del cono y pasa el cordón desde dentro. Realiza un nudo para que quede sujeto.

Para finalizar, introduce el otro extremo del cordón en la base de la esfera, ayudándote con la punta de una tijera. Para esto, pide ayuda a un adulto. Coloca pegamento en la unión para evitar que se desprenda.

Y ahora ya puedes comenzar a jugar con el tiburón.

Batalla naval

El gran juego de estrategia

Materiales

- 1 caja de pizza
- Pegamento universal
- Tijera
- Cartón
- Cartulinas verde, negra, azul celeste, blanca y roja
- 6 tapitas de plástico verdes
- Témpera o acrílico verde y negro
- Pincel

Plantillas

Traslada las plantillas y córtalas en los materiales indicados.

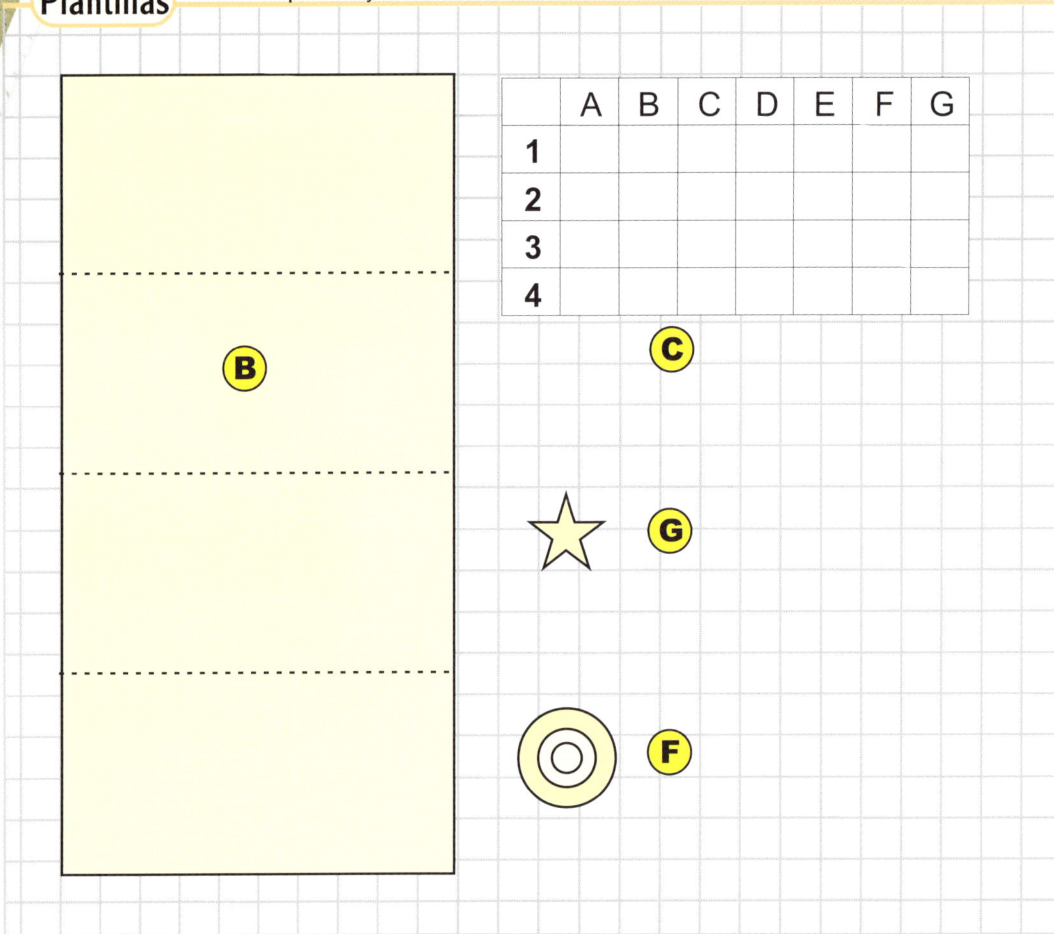

IMPORTANTE

Las plantillas no presentan medidas, ya que deberás adaptarlas en función del tamaño de la caja de pizza que hayas conseguido.

Guarda las tapitas de los refrescos que vayas consumiendo y píntalas como muestra el modelo terminado.

Realización

TABLERO

Comienza por pintar de color negro el borde de la caja y déjalo secar.
Luego, en una cartulina celeste dibuja ambos tableros (C) marcando los casilleros que indica el modelo.

TABIQUE DIVISORIO

Corta la pieza (B) y realiza los dobleces indicados. Píntala por ambos lados y pégalo en el centro del tablero como indica el gráfico 1.

BARCOS

Realiza 6 barquitos de papel y pinta 3 de un color y los otros tres de otro color que contraste, para que se diferencien durante el juego. Pega el barquito sobre una tapita de plástico.

Por último, decora el juego con estrellas de espuma recortable.

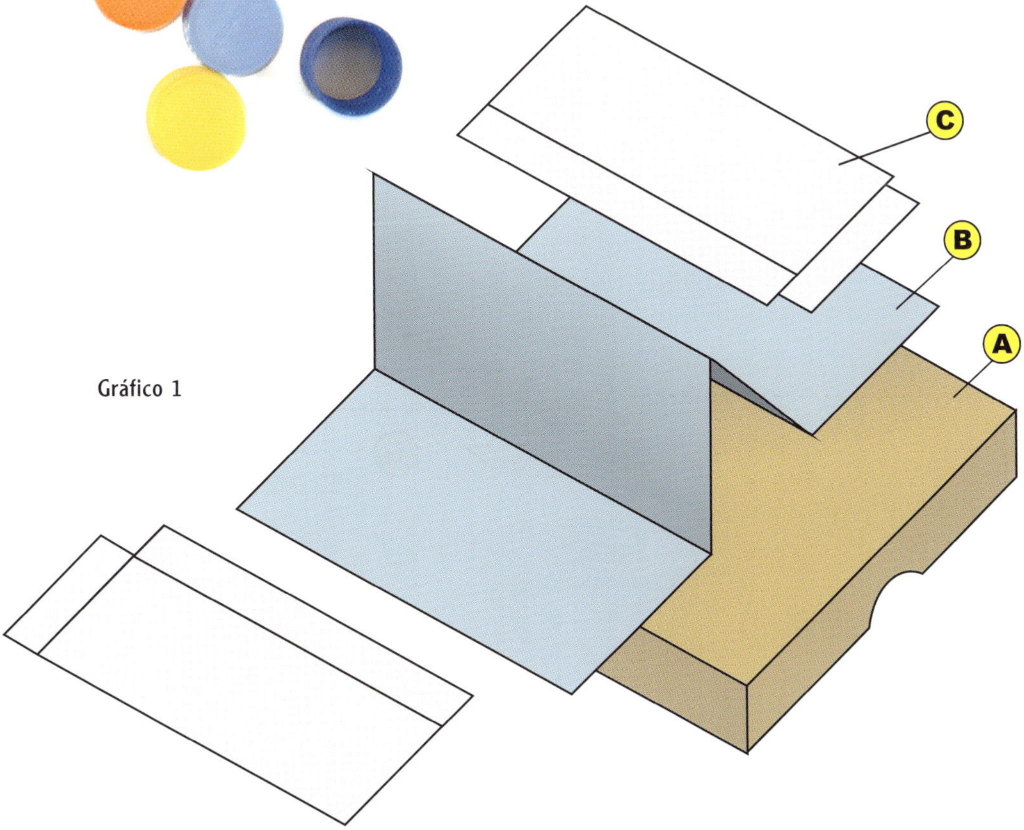

Gráfico 1

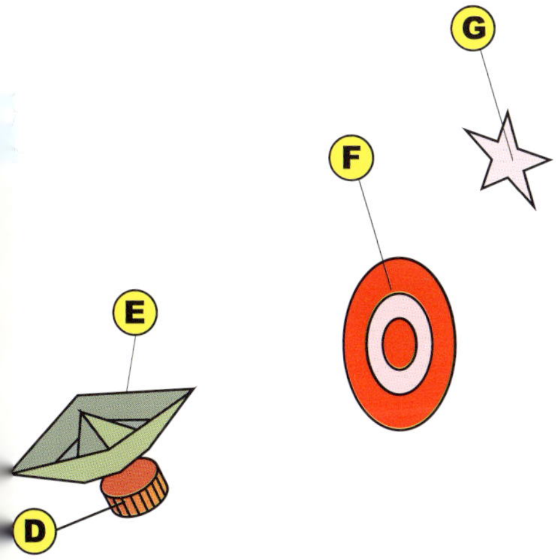

Piezas

- (A) 1 tapa de caja para pizza u otra similar de 30 x 30 cm
- (B) Tabique divisorio: 1 pieza de cartón de 30 x 16 cm
- (C) Tablero: 2 rectángulos de cartulina celeste de 15 x 3
- (D) 6 tapones de plástico verdes
- (E) Barquitos de papel: 3 para cada jugador

Joyero

Materiales

- 1 cono de cartón, de los utilizados para contener patatas fritas
- Pincel
- Pinturas acrílicas lila, rosa y celeste
- 20 cm de alambre de cobre u otro similar
- 30 cm de cinta celeste

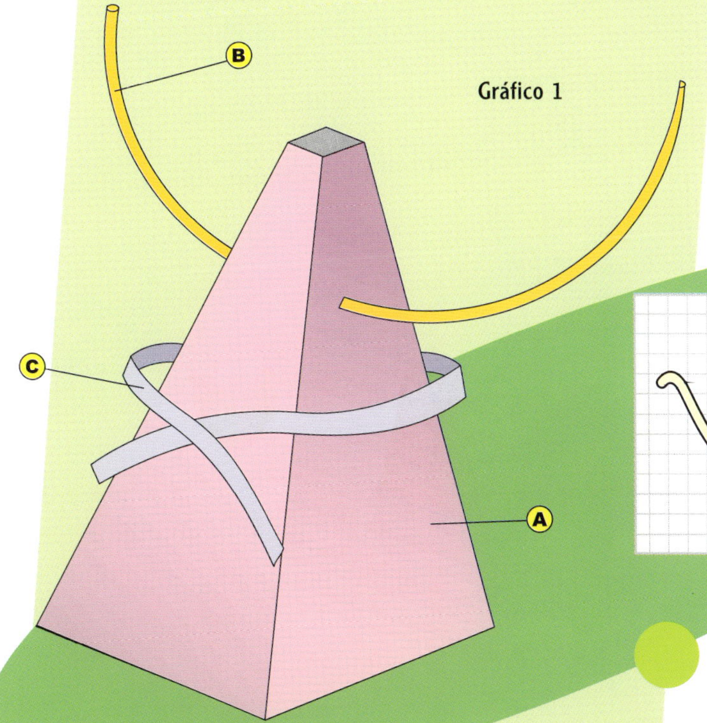

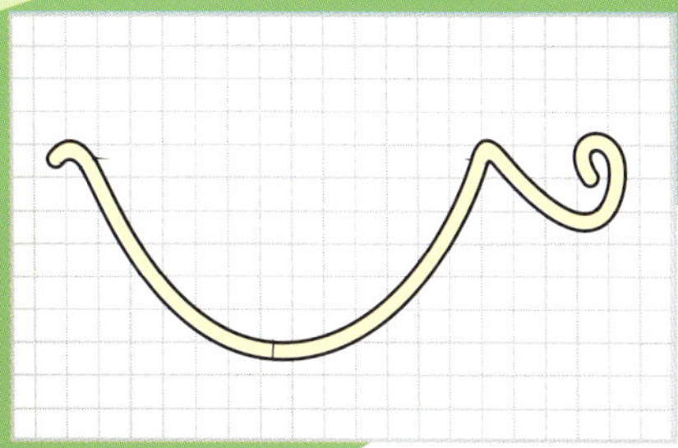

Realización

Pinta el cono de cartón de lila. Luego, realiza los puntos o lunares que posee el modelo.

Realiza el borde superior, que se asemeja a un cuello. Luego decora el remate inferior, que imita un galón.

Si te resulta más fácil puedes pegar un galón o puntilla en el borde inferior.

Introduce y pasa el alambre de lado a lado como muestran el gráfico 1 y el modelo terminado.

Luego, ayudándote con unos alicates, realiza en ambos extremos del alambre las ondas que te permitirán colgar tus joyas.

Realiza el cinturón del vestido pasando la cinta y haciendo una lazada en la parte delantera como muestra el modelo terminado.

Piezas

- (A) Cono de cartón
- (B) Alambre
- (C) Cinta

Peonza espacial

Materiales

- 1 vaso de plástico transparente, de yogur o helado
- 1 tapa de plástico
- 3 perlas o bolitas de colores
- Cartón naranja
- Perforadora de papel
- Pincel
- Acrílicos negro, verde y gris
- 10 cm de cordón negro
- Pegamento universal

Plantillas

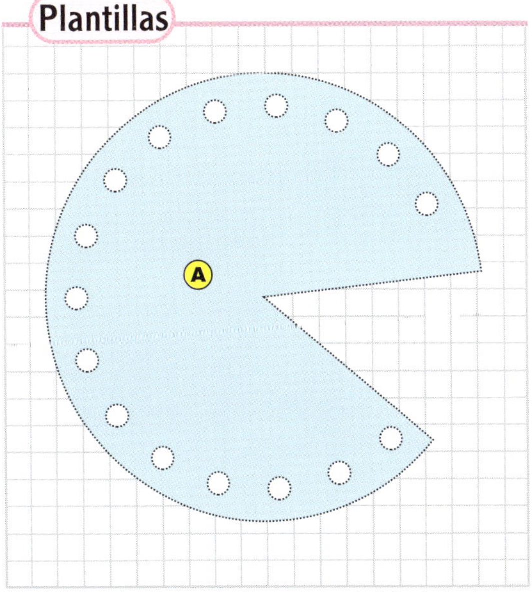

Traslada las plantillas y córtalas en los materiales indicados.

Piezas

Ⓐ Base de la peonza: 1 pieza de cartón
Ⓑ Vaso de plástico transparente
Ⓒ 1 tapa de plástico
Ⓓ 10 cm de cordón negro

Realización

Corta la pieza de cartón (A).

Luego, une con pegamento las partes rectas de la abertura para que puedas obtener el cono que servirá de base para la peonza.

Guiándote por el modelo terminado, pinta las rayas grises, verdes y turquesas.

Pinta de color negro la base del envase de plástico (B) y déjala secar.

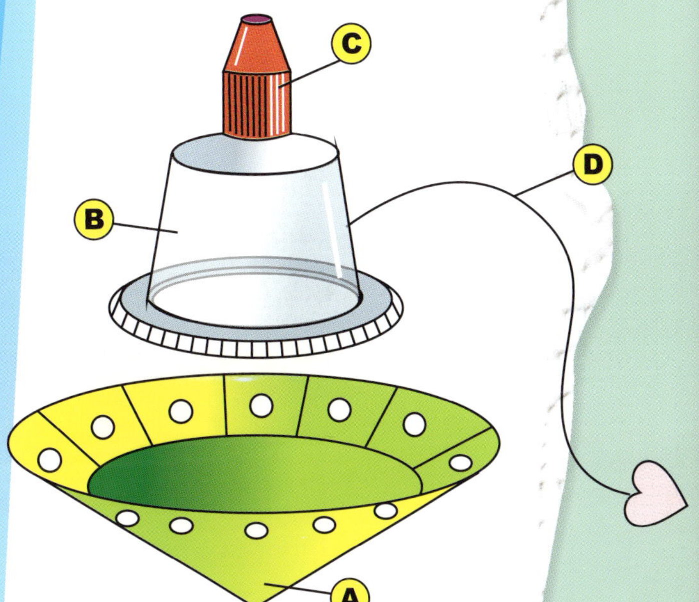

Gráfico 1

Montaje

Coloca dentro del cono las perlas, que harán ruido cuando la peonza gire.

Pega encima el envase de plástico (B) y después la tapa (C).

Para finalizar, pega sobre la pared del envase de plástico el cordón (D) y, en el extremo, un pequeño corazón, para lograr una mejor terminación.

Capítulo 2

Con plástico
y poliexpán reciclados

Hucha

Materiales

- 1 bol de plástico
- 1 par de ojos de plástico
- 2 alfileres con cabeza negra
- Espuma recortable blanca y verde claro
- Lápiz
- Tijera
- Pincel
- Pinturas acrílicas negra y roja

Plantillas

Traslada las plantillas y córtalas en los materiales indicados.

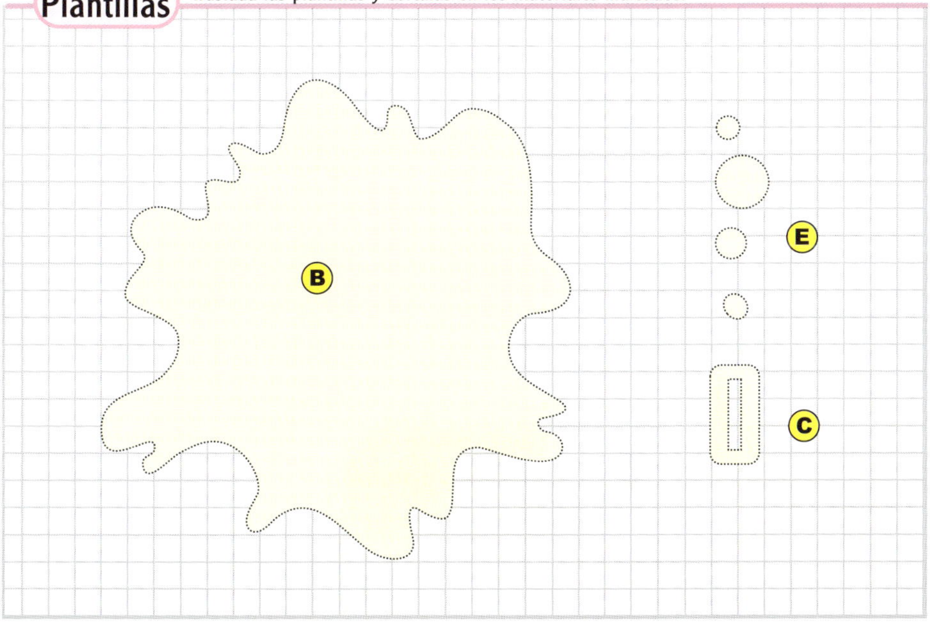

Gráfico 1

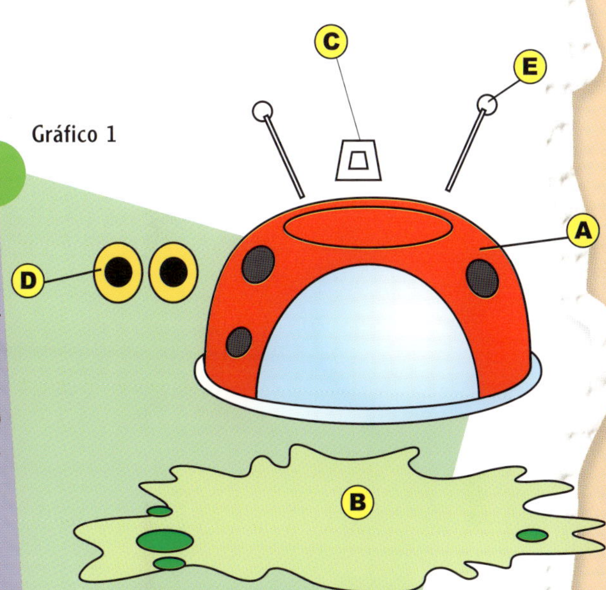

Realización

Comienza por pintar el bol de plástico de color rojo y déjalo secar.

Pinta después con acrílico negro el medio círculo que imitará la cabeza y los círculos negros que lleva la mariquita en el cuerpo.

Pide ayuda a un adulto para, con una tijera, realizar la abertura de la hucha, que servirá para introducir las monedas.

Pega la pieza (C) sobre la abertura realizada, de modo que coincida con ella.

Guiándote por la fotografía del modelo terminado, adhiere los ojos de plástico y coloca ambos alfileres, que imitarán las antenas.

Para finalizar pega el cuerpo de la mariquita sobre la pieza (B), que servirá de base.

Y ahora ya puedes comenzar a ahorrar.

Piezas

- (A) Bol de plástico
- (B) Base de espuma recortable verde claro
- (C) Abertura de la hucha: 1 pieza de espuma recortable blanca
- (D) 1 par de ojos de plástico
- (E) 2 alfileres de cabeza grande negros

Libélulas

Imanes divertidos para pegar en el frigorífico

Materiales

- 1 cuchara de plástico pequeña
- 2 perlas grandes negras
- 2 alfileres de cabeza azul celeste
- 1 trozo de acetato transparente
- Pinturas acrílicas de color negro, turquesa y azul
- Rotulador indeleble negro
- 1 imán
- Pegamento universal

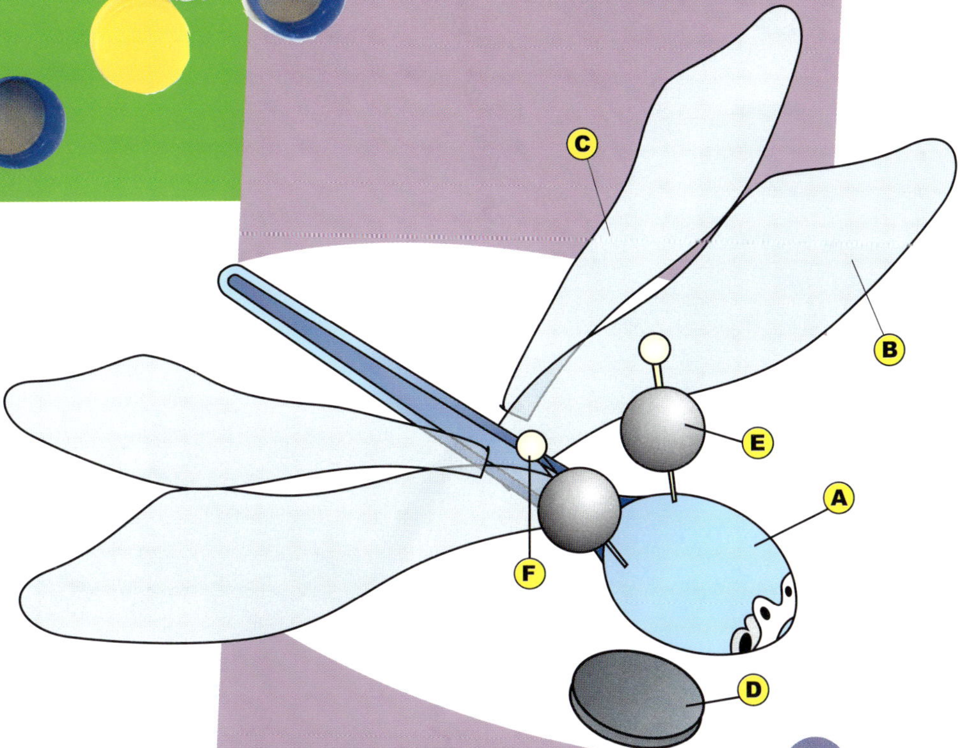

Gráfico 1

Realización

ALAS

Corta las alas superiores (B) e inferiores (C). Luego, con un rotulador negro, delinea el contorno y dibuja las líneas interiores de cada una de ellas.

Pégalas como indica el gráfico 1.

OJOS

Introduce el alfiler dentro de una de las perlas negras y corta lo que sobre, para que quede al nivel de la perla. Repite la operación con la otra perla.

Pégalas sobre la cuchara.

Guiándote por el modelo terminado, pinta la boca utilizando pintura acrílica.

También deberás realizar pequeñas rayas sobre el revés de la cuchara, para imitar el cuerpo.

Para finalizar pega un pequeño imán (D) debajo de la cuchara.

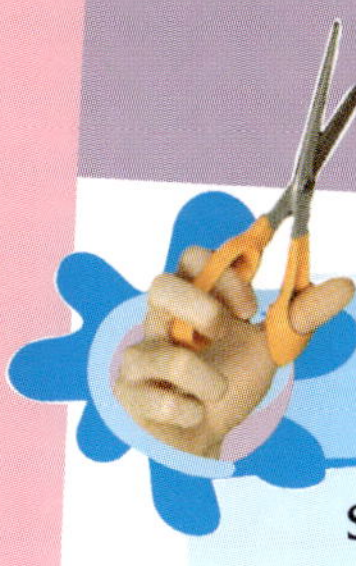

Piezas

Se detallan para una libélula.

- (A) Cuchara
- (B) Ala superior: 2 piezas de acetato transparente
- (C) Ala inferior: 2 piezas de acetato transparente
- (D) Imán
- (E) Perla grande de color negro
- (F) Alfiler de cabeza grande

Importante

Las piezas y las explicaciones se detallan para una sola libélula. Realiza las otras de la misma manera.

Plantillas Traslada las plantillas y córtalas en los materiales indicados.

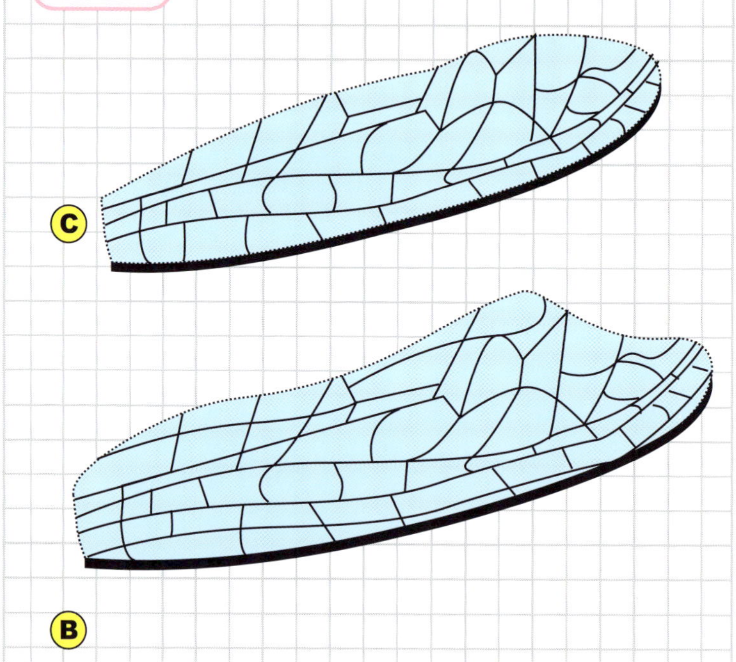

Platillo volante

Para jugar y divertirse

Materiales

- 1 plato de plástico
- 1 vaso de yogur, queso crema o similar
- Espuma recortable verde
- 2 pares de ojos de plástico
- 4 gemas anaranjadas
- Pintura plateada
- Pincel
- 5 conos de cartón para patatas fritas
- Tijera
- Pegamento universal
- Rotulador negro

Gráfico 1

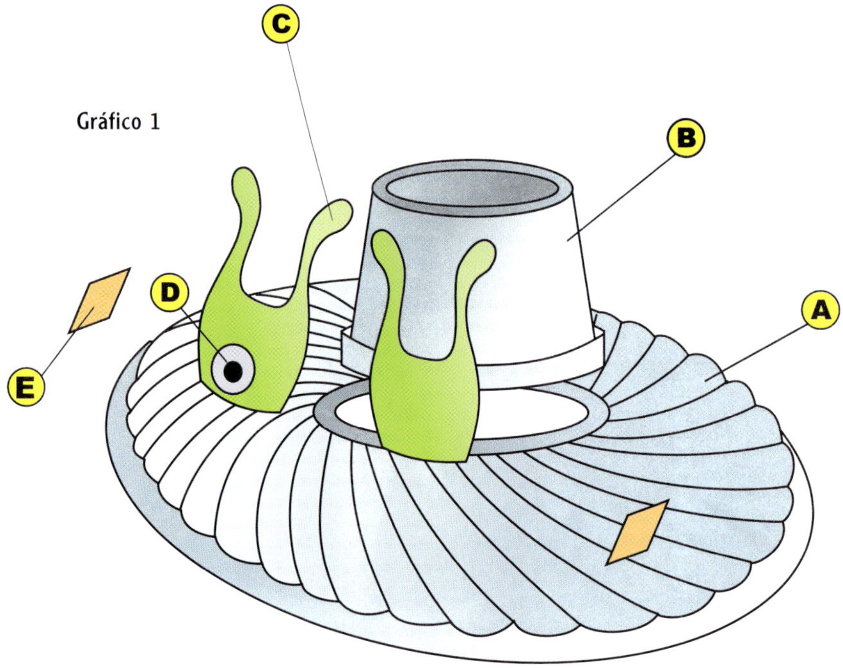

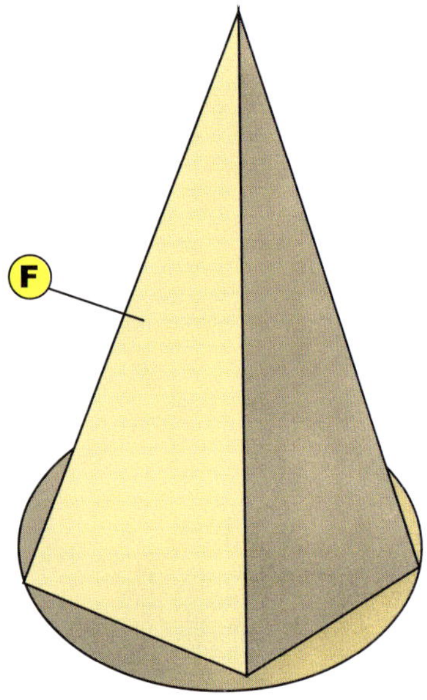

Gráfico 2

Realización

PLATILLO VOLANTE
Comienza por recortar el centro del plato.

Luego pega el vaso sobre el plato, centrándolo sobre la abertura realizada.

Cuando el pegamento esté seco, pinta el exterior del plato de color plateado y déjalo secar.

Adhiere las dos figuras que representan a los extraterrestres y colócales los ojos.

Decoración

Decora el plato con gemas de colores, como muestra el modelo terminado.

CONOS DE PUNTUACIÓN
Forra los conos con papeles estampados o píntalos con pinturas acrílicas. Luego, pega los números con diferentes puntuaciones.

Rellena el cono con arroz para lograr una mejor estabilidad.

Por último cierra la base con un trozo de papel o cartón.

Para que cada participante pueda «hacer volar» el platillo para intentar encestarlo es conveniente que los platos se sitúen a una distancia de 20 o 30 cm entre sí.

Para jugar, deberás hacer volar el platillo e intentar encestarlo en el cono de mayor puntuación.

Piezas

PLATILLO VOLADOR
- (A) Plato de plástico
- (B) Vaso de plástico

EXTRATERRESTRES
- (C) 2 piezas de espuma recortable verde
- (D) 2 pares de ojos de plástico

- (E) 4 gemas de colores
- (F) 3 conos de cartón

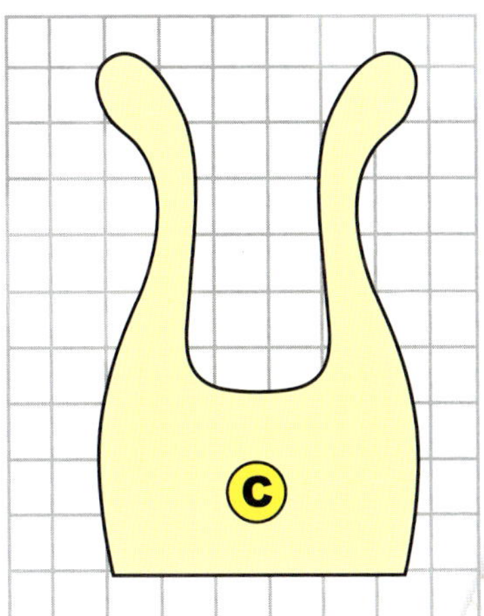

Teatro y marionetas

Materiales

- 1 caja rectangular de cartón
- Cúter
- Tijera
- Acrílicos de color rojo, ocre y negro
- Pincel
- Cartulinas blanca, naranja y negra

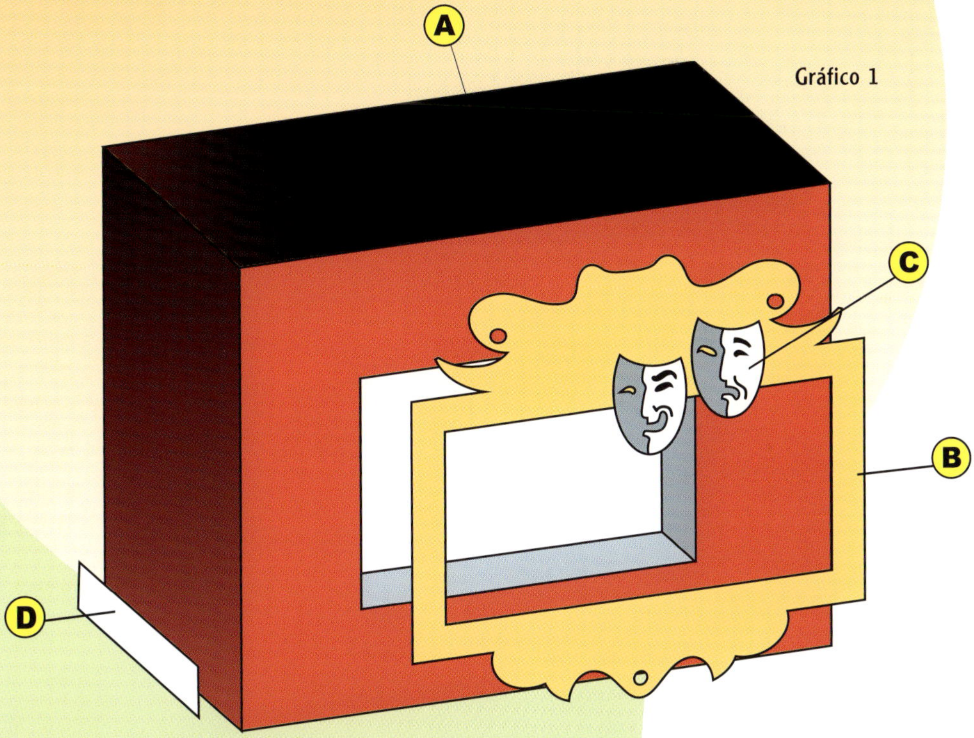

Realización

Toma la caja de cartón y retira la tapa.

Marca el rectángulo central que formará la abertura del teatro y recórtalo con cuidado para que los bordes queden rectos y suaves al tacto, y así lograr una mejor terminación.

Guiándote por el modelo terminado pinta el exterior de la caja con pintura acrílica roja y negra y deja secar.

Pega el recuadro amarillo (B) sobre la abertura.

Adhiere en las esquinas los pequeños círculos blancos y las caretas (C).

Piezas

- (A) Caja de cartón de 20 x 17 x 8 cm
- (B) Recuadro amarillo: 1 pieza de cartulina amarilla
- (C) Caretas: figuras en blanco y negro
- (D) Borde inferior: 1 pieza de cartulina blanca
- (E) 4 círculos blancos

Plantillas

Traslada las plantillas y córtalas en los materiales indicados.

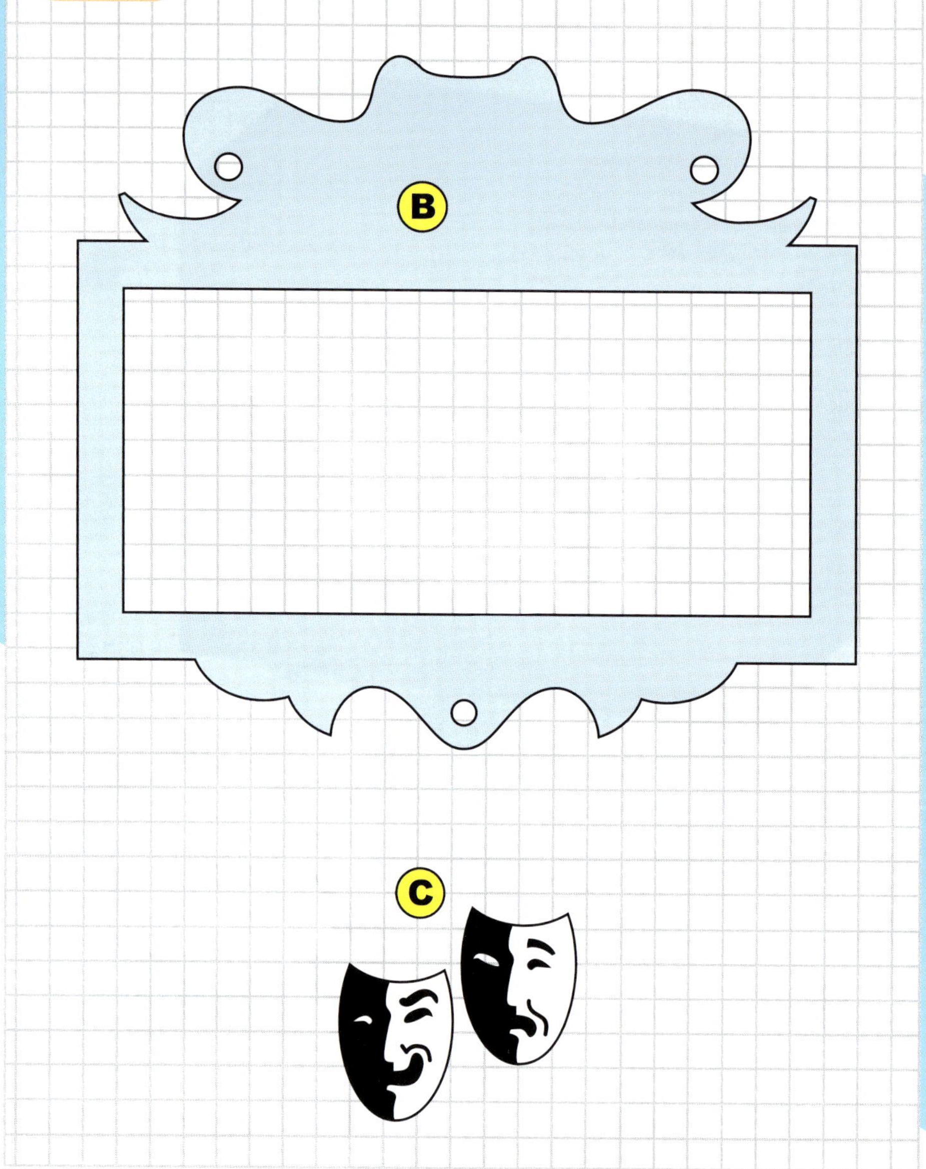

Materiales

- 1 vaso de plástico negro
- Cartulina negra, roja y blanca
- Tijera
- Pegamento universal
- 1 esfera de poliexpán (corcho blanco) de 2 cm de diámetro
- Rotulador negro

Piezas

- (A) Cuerpo: 1 vaso de plástico negro
- (B) Ojos: 2 medias esferas de poliexpán
- (C) Cabeza: 1 pieza de cartulina negra
- (D) Dientes: 1 pieza de cartulina blanca
- (E) Lengua: 1 pieza de cartulina roja
- (F) Orejas: 2 piezas de cartulina negra y 2 blancas

Lobo feroz

Pinta el vaso de plástico de color negro.

Pliega la pieza (C) y adhiere debajo los dientes (D) y la lengua (E).

Para formar las orejas, adhiere entre sí dos piezas (F) y pégalas sobre la cabeza (C) recién formada.

Pega los ojos y dibuja las pupilas con rotulador negro.

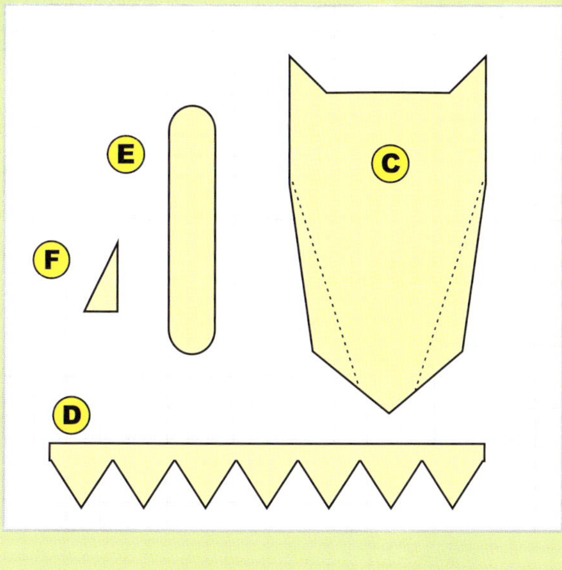

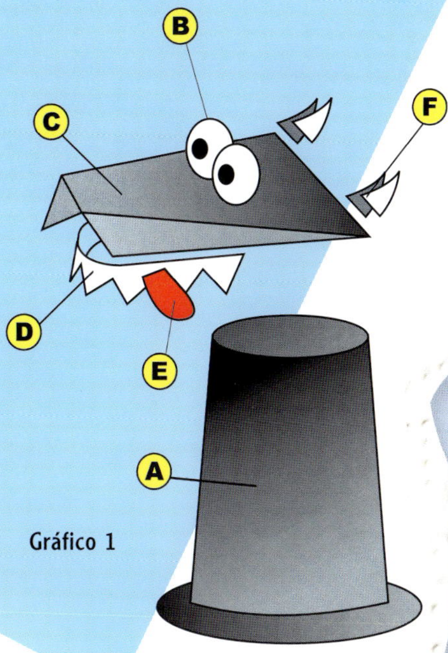

Gráfico 1

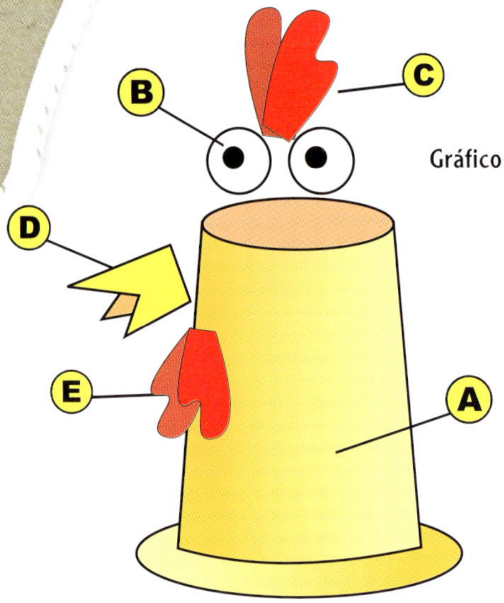

Materiales

- 1 vaso de plástico amarillo
- Cartulina roja y amarilla
- Tijera
- Pegamento universal
- 1 esfera de poliexpán (corcho blanco) de 2 cm de diámetro
- Rotulador negro

Piezas

Ⓐ Cuerpo: 1 vaso de plástico amarillo
Ⓑ Ojos: 2 medias esferas de poliexpán
Ⓒ Cresta: 1 pieza de cartulina roja
Ⓓ Pico: 1 pieza de cartulina amarilla
Ⓔ Buche: 1 pieza de cartulina roja

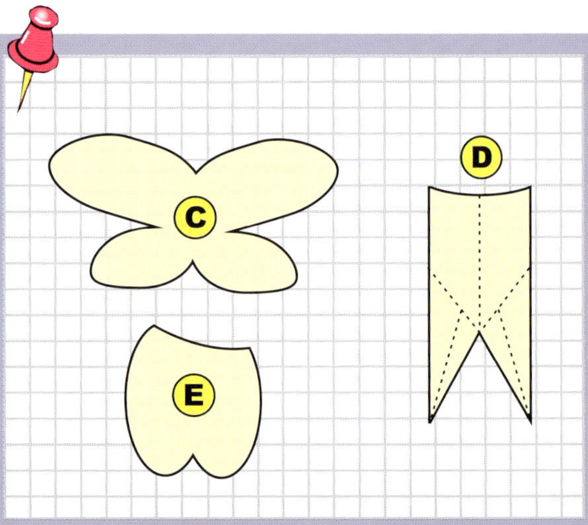

Gallito

Pinta el vaso de plástico de color dorado.

Pega los ojos (B) y la cresta (C). Por último adhiere el pico (D) y el buche (E).

Cerdito

Pinta el vaso de plástico de color rosa.

Guiándote por el gráfico 1 y el modelo terminado, pega las piezas que corresponden a la base de las orejas (C) y encima pega las orejas (D). Pega los ojos (B).

Arma el morro pegando la pieza (F) sobre la (E) y para finalizar coloca el conjunto recién formado sobre la cara del cerdito.

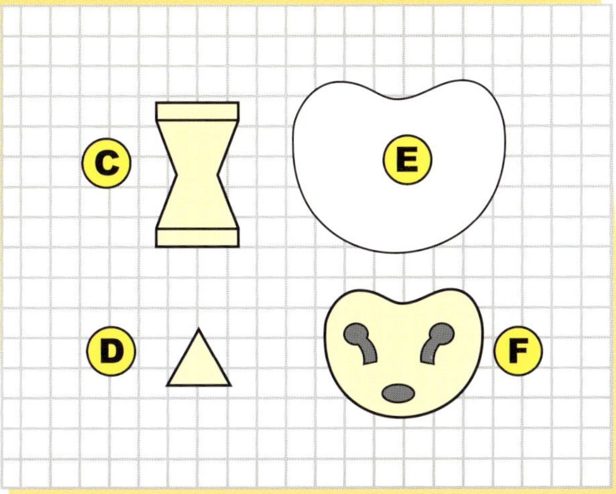

Materiales

- 1 vaso de plástico rosa
- 1 esfera de poliexpán (corcho blanco) de 2 cm de diámetro
- Cartulina rosa
- Tijera
- Rotulador negro
- Pegamento universal

Piezas

- (A) Vaso de plástico
- (B) Ojos: 2 media esferas de poliexpán
- (C) Base de las orejas: 2 piezas de cartulina rosa
- (D) Orejas: 2 piezas de cartulina blanca
- (E) Base de la boca: 1 pieza de cartulina rosa
- (F) Morro: 1 pieza de cartulina rosa

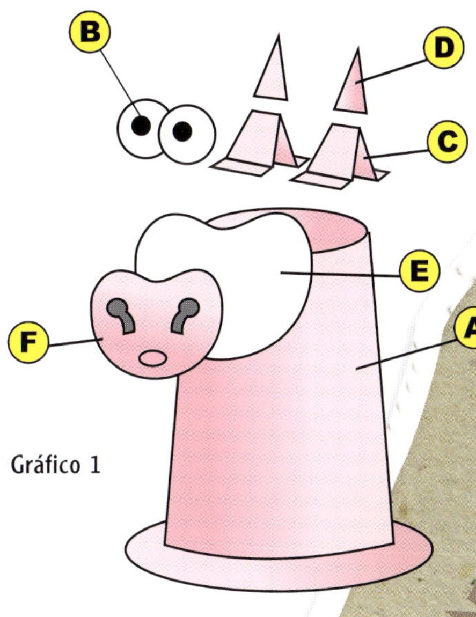

Gráfico 1

Pesca de corchos

Materiales

- 1 recipiente de poliexpán (corcho blanco) de 20 cm de diámetro y 5 cm de profundidad
- Espuma recortable de diferentes colores
- 6 corchos
- Pegamento universal
- 7 trozos de 4 cm de alambre fino
- 1 palillo o pajita de color negro
- 20 cm de cordón
- 1 perla negra
- Rotulador negro
- Pegamento universal
- Pintura acrílica de colores
- Pincel
- Tijera

Plantillas

Traslada las plantillas y córtalas en los materiales indicados.

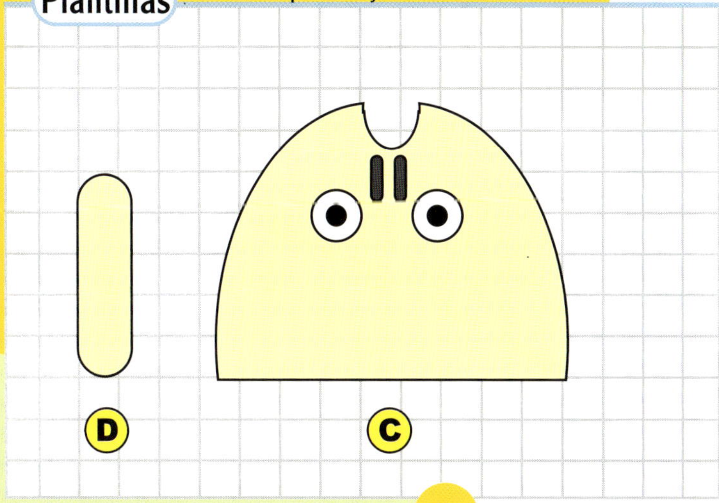

Realización

Comienza por pintar el recipiente que servirá de base al juego:

Colorea el interior de color turquesa, para imitar el color del agua.

Guiándote por el modelo terminado, pinta el exterior del recipiente formando ondas, que simularán las olas.

Colorea también el palillo o pajita que será la caña de pescar.

PECECITOS
Pinta los corchos de los colores indicados y déjalos secar.

Toma un alambre y dóblalo en forma de U. Repite la operación con los restantes.

Luego introduce cada uno de ellos en la parte superior de los corchos. Recuerda que ese alambrito es el que permitirá que puedas pescarlos durante el juego.

Para formar la cabeza de cada pececito deberás pegar las piezas (C) a ambos lados del corcho, como muestran el gráfico 1 y el modelo terminado.

Pega la lengua (D) en cada pez.

Piezas

- (A) Recipiente

PECECITOS
- (B) Cuerpo: 6 corchos
- (C) Cabeza del pez: 12 piezas de espuma (2 de cada color)
- (D) Lengua
- (E) Enganche: 6 piezas de alambre fino

CAÑA DE PESCAR
- (F) Palillo o pajita de color negro
- (G) 1 perla negra
- (H) Anzuelo: 1 pieza de alambre fino, doblado en un extremo

Gráfico 1

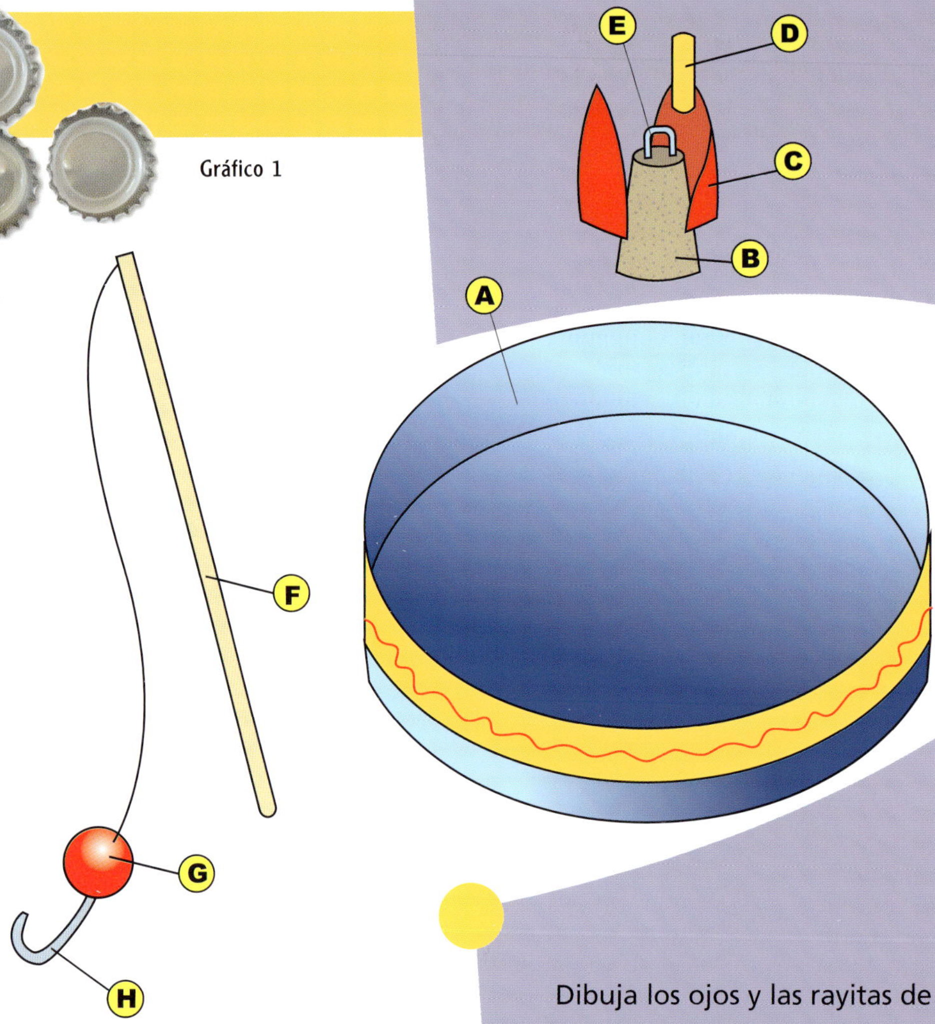

Dibuja los ojos y las rayitas de la boca.

CAÑA DE PESCAR
Con pegamento, adhiere un extremo del hilo dentro de la pajita.

Introduce la perla y sujétala con un nudo.

Finalmente sujeta el alambre o anzuelo en el extremo y pégalo.

PARA JUGAR CON TUS AMIGOS
Colocad el recipiente a 50 cm. El juego consiste en enganchar con el alambre de la caña de pescar uno de los pescaditos.

Después de cada intento, la caña de pescar pasará a otro jugador.

Gana el que más pescaditos pesque.
¡Suerte!

Títere sorpresa

Materiales

- 1 bote de plástico blanco
- 2 esferas de poliexpán (corcho blanco) de 5 cm de diámetro
- 1 envase de plástico de yogur
- 20 cm de varilla fina
- Pegamento universal
- Pintura acrílica naranja, azul y verde
- Pincel
- Tijera
- 15 cm de espuma recortable lila
- 1 par de ojos de plástico
- 50 cm de cinta de un color de tu elección

Piezas

- (A) Recipiente de plástico
- (B) Flor: 1 pieza de espuma lila
- (C) Cuerpo: 1 botellita de plástico
- (D) Cabeza: Media esfera de poliexpán de 5 cm de diámetro
- (E) Lazo: 1 pieza de cinta
- (F) 1 varilla
- (G) Soporte del títere: 1 esfera de poliexpán de 5 cm de diámetro
- (H) Ojos: 2 ojos de plástico

Realización

Comienza por pintar la media esfera (D) de color naranja, de rojo la esfera (G) y de verde el recipiente (C) que servirá de cuerpo.

Déjalo secar.

Antes de continuar, realiza un orificio en la base del envase (C) y en el recipiente de plástico (A).

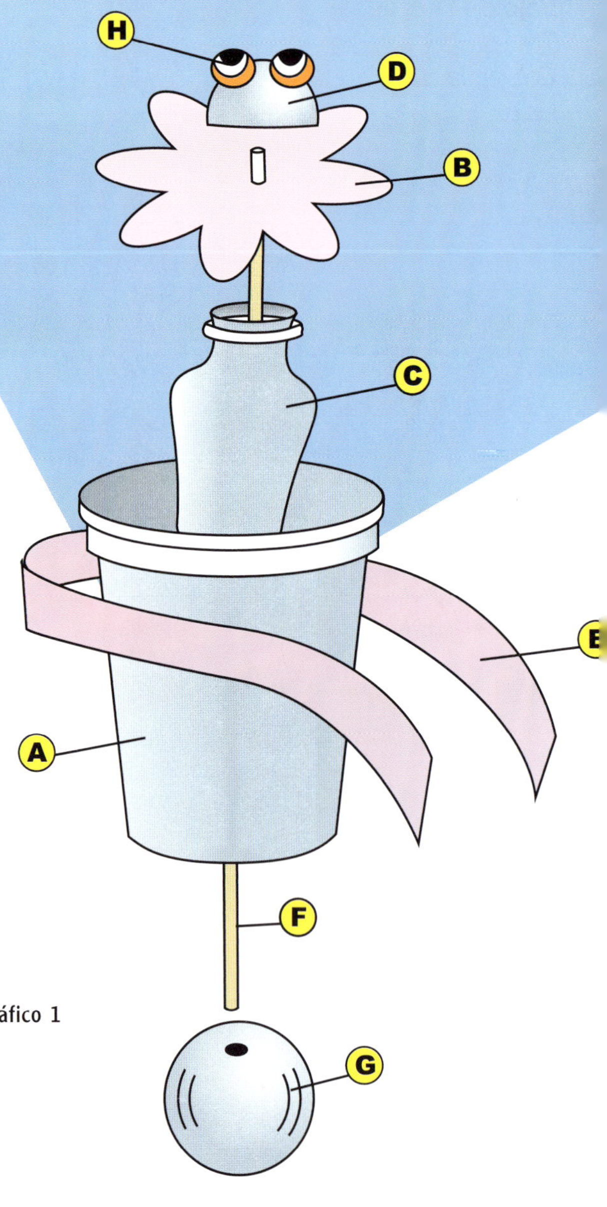

Gráfico 1

Montaje

CABEZA
Pega la esfera (D) sobre la flor (B), adhiere los ojos y con rotulador dibuja las cejas y boca.

Sobre la flor pinta pequeñas manchas naranjas, como muestra el modelo terminado.

SOPORTE
Pinta el palillo e introduce la esfera (G), asegurándola con pegamento.

MONTAJE DEL TÍTERE
Guiándote por el gráfico 1, pasa la varilla por ambos recipientes plásticos y pégala por debajo de la cabeza ya formada.

Coloca la cinta alrededor del títere y forma un lazo.

Plantillas

Traslada las plantillas y córtalas en los materiales indicados.

Una vez formado el títere, mueve el palillo de arriba abajo para que la flor se asome y gire.

Payaso golosinero

Materiales

- 1 envase de plástico, de los utilizados para guardar CD o DVD
- Pegamento universal
- Tijera
- Rotulador indeleble negro
- 1 esfera de poliexpán (corcho blanco) de 8 cm o de la medida adecuada al envase que poseas
- 1 esfera de 2 cm
- 1 argolla de madera
- 20 cm de hilo de sisal
- Espuma roja, celeste y lila
- 1 estropajo de aluminio
- Pincel
- Témpera o acrílico blanco y rojo
- Rotulador negro
- Papeles metalizados para decorar el envase

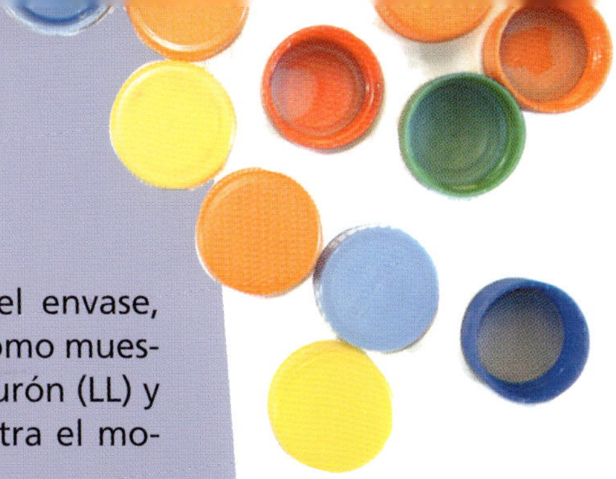

Realización

Comienza por decorar la base del envase, pegando papeles de colores (M) como muestra el modelo terminado, y el cinturón (LL) y la hebilla (L) como también muestra el modelo.

CABEZA

Pinta la esfera (G) de color beis y de color rojo la esfera (H) que imitará la nariz, y déjalas secar.

Luego, pega los trozos de viruta de aluminio (I), que imitarán el cabello, a ambos lados de

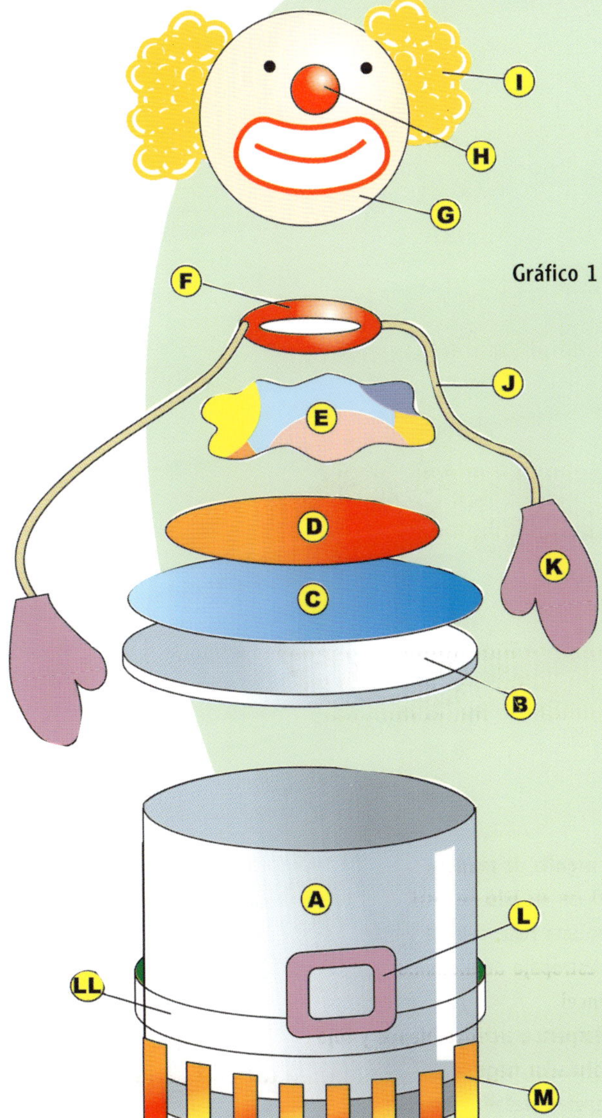

Gráfico 1

Piezas

- (A) Envase de plástico
- (B) Tapa
- (C) Cubretapa: 1 pieza de espuma recortable celeste
- (D) Círculo de espuma roja
- (E) Cuello: 1 círculo de espuma de colores
- (F) Argolla de madera
- (G) Cabeza: 1 esfera de poliexpán de 8 cm de diámetro
- (H) Nariz: 1 esfera de poliexpán (corcho blanco) de 2 cm de diámetro
- (I) Cabello: Trozos de viruta de aluminio
- (J) Brazos: Hilo de sisal
- (K) Manos: 2 piezas de espuma recortable lila
- (L) Hebilla: 1 pieza de espuma recortable lila
- (LL) Cinturón: 1 pieza de cinta
- (M) Papeles de colores a tu gusto

la cabeza. Dibuja la boca, los ojos y las cejas. Pega la nariz.

Pega la cabeza ya terminada a la argolla de madera.

BRAZOS

Pega las manos (K) a ambos extremos del cordón (J), que imitarán los brazos, y colócalos debajo de la argolla.

MOLDEADO DEL CUELLO

Toma el círculo de espuma recortable (E) que imitará el cuello y pídele a papá o a mamá que lo moldee con el calor de la plancha. ¿Cómo? Colocando la espuma recortable entre dos hojas de papel hasta que se caliente.

Al retirar la plancha, el borde de la espuma se puede modelar fácilmente con los dedos para obtener una terminación con forma ondulada, como muestra el modelo terminado.

Fíjalo debajo de la argolla que sostiene la cabeza.

Montaje

Pega las bases (C) y (D) encima de la tapa (B) y luego encima el conjunto de la cabeza, ya montado.

Para finalizar pega las manos: una sobre la tapa del recipiente y la otra sobre la parte delantera del mismo, como muestra el modelo terminado.

Bolso rosa

Materiales

- 1 tarrina de plástico ovalada (de las que generalmente contienen helado)
- Tela de toalla de color rosa claro y rosa oscuro u otra tela al gusto
- Pegamento universal
- 1 gema grande de color lila
- Piedras y perlas de plástico en la gama del rosa y del lila
- 20 cm de alambre fino
- Lápiz
- Tijera
- Pintura acrílica lila

Gráfico 1

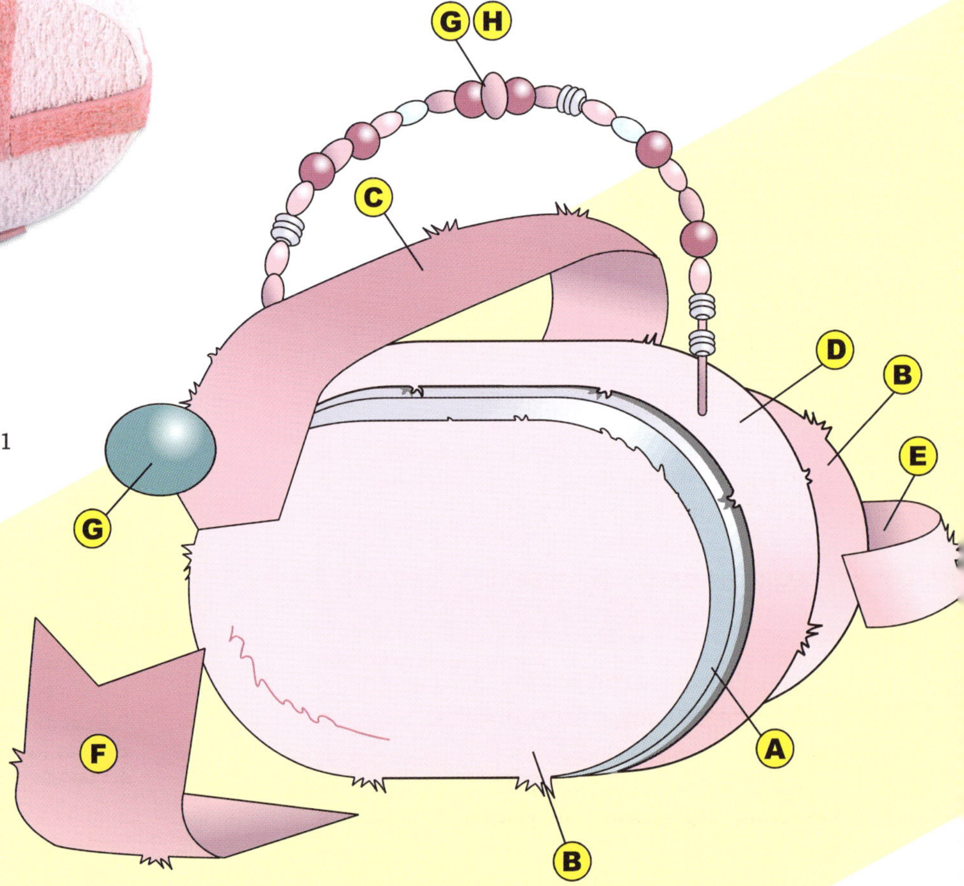

Plantillas

Traslada las plantillas y córtalas en los materiales indicados.

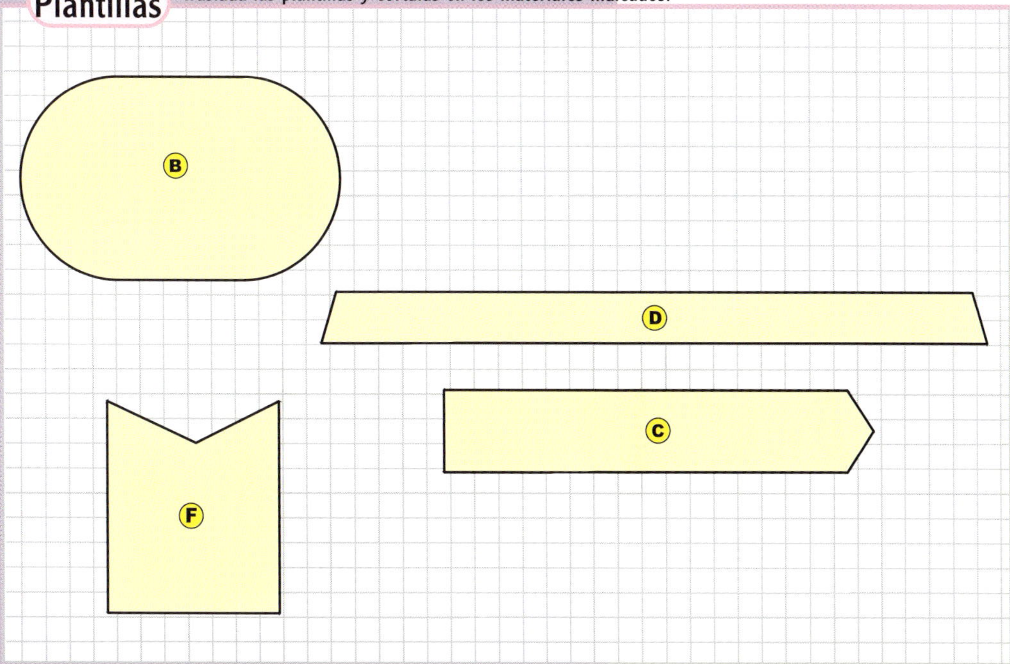

Realización

Comienza por pintar de color lila el borde de la tapa del recipiente (A), que utilizarás como tapa del bolso y déjalo secar.

Con pegamento universal adhiere una de las piezas (B) delante y otra detrás del recipiente elegido.

Luego pega la tira (D) alrededor del bolso.

Coloca la tira de cierre (C) desde la parte trasera. Pega la gema (G).

Guiándote por el modelo terminado, pega el fuelle (F) para unir la base y la tapa.

Luego, pega por detrás la pieza (E).

ASA

Toma el alambre e introduce las piedras copiando el modelo o como tú prefieras.

Recuerda que deberás dejar 3 cm libres por cada extremo. Ese tramo sin piedras permitirá que puedas introducir el alambre dentro del bolso y fijarlo desde dentro.

Piezas

- (A) Tarrina de plástico
- (B) 2 piezas de toalla ovaladas o de la forma del recipiente elegido
- (C) Cierre: 1 pieza de toalla rosa fuerte
- (D) 1 tira de toalla rosa, del ancho del recipiente
- (E) Adorno trasero: 1 pieza de toalla rosa fuerte
- (F) Adorno del frente: 1 pieza de toalla rosa fuerte
- (G) 1 gema de color lila

ASA

- (H) 1 trozo de alambre fino de 22 cm de largo
- (I) Piedras de plástico de libre elección (la cantidad dependerá del tamaño elegido)

Conejo de la suerte

Un raspador para seguir el ritmo

Materiales

CONEJO

- 1 envase de plástico (de suavizante para ropa)
- Pegamento universal
- Pintura acrílica negra y lila
- Espuma recortable lila y rosa
- 1 esfera de poliexpán (corcho blanco) de 4 cm de diámetro
- Lápiz y regla
- Tijera
- Pincel

RASPADOR

- 1 palillo de brocheta
- 1 perla o cuenta de plástico grande
- 1 alfiler de cabeza grande

Realización

CUERPO
Antes de comenzar con el montaje es importante que pintes de color azul o lila el envase que servirá para imitar el cuerpo del conejo y la esfera de poliexpán (corcho blanco) (G), que servirá de cola.

HOCICO
También deberás pintar de negro la media esfera de poliexpán (corcho blanco) (E). Déjalos secar.

OREJAS
Prepara cada oreja adhiriendo la parte interna (D) sobre la pieza (C).

Guiándote por el modelo terminado, realiza con una tijera dos pequeñas aberturas en la parte superior de la tapa.

Esas perforaciones servirán para que puedas introducir cada una de las orejas (C), ya formadas, adhiriéndolas con pegamento.

MORRO
Pega la media esfera (E) del gráfico 1 en la cara.

COLA
Guiándote por el gráfico 1 y el modelo terminado, corta la esfera, quitándole un trozo con el cúter (pide ayuda a un adulto), para imitar la cola. Adhiérela con pegamento.

RASPADOR
Pinta el palillo de varios colores, imitando rayas.

En uno de los extremos introduce la perla negra y para terminar coloca el alfiler, sujetando el conjunto con pegamento.

¿Sabías que...?

Los océanos cubren el 70% de la superficie del planeta y los científicos aseguran que en el futuro pasarán a convertirse en la principal fuente alimenticia del siglo XXI.

Plantillas

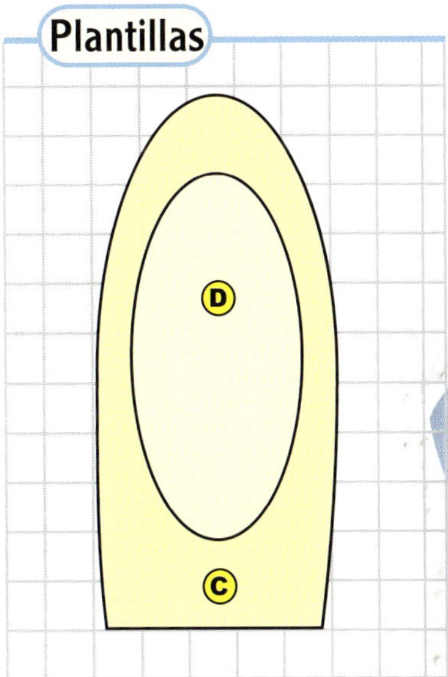

IMPORTANTE

El conejo funciona como un raspador. ¿Cómo se utiliza? Raspando y golpeteando el cuerpo del conejo con el palillo, para obtener sonidos muy particulares. Lo podrás utilizar para la clase de música en tu escuela.

Piezas

- (A) Cuerpo: envase de plástico
- (B) Cabeza: tapa del envase de plástico
- (C) Orejas: 2 piezas de espuma recortable lila
- (D) Parte interna de las orejas: 2 piezas de espuma recortable rosa
- (E) Hocico: media esfera de poliexpán
- (F) Ojos: 2 ojos de plástico
- (G) Cola: 1 esfera de poliexpán de 6 cm de diámetro

RASPADOR

- (H) 1 palillo de brocheta de 20 cm de largo
- (I) 1 perla negra grande
- (J) 1 alfiler de cabeza grande

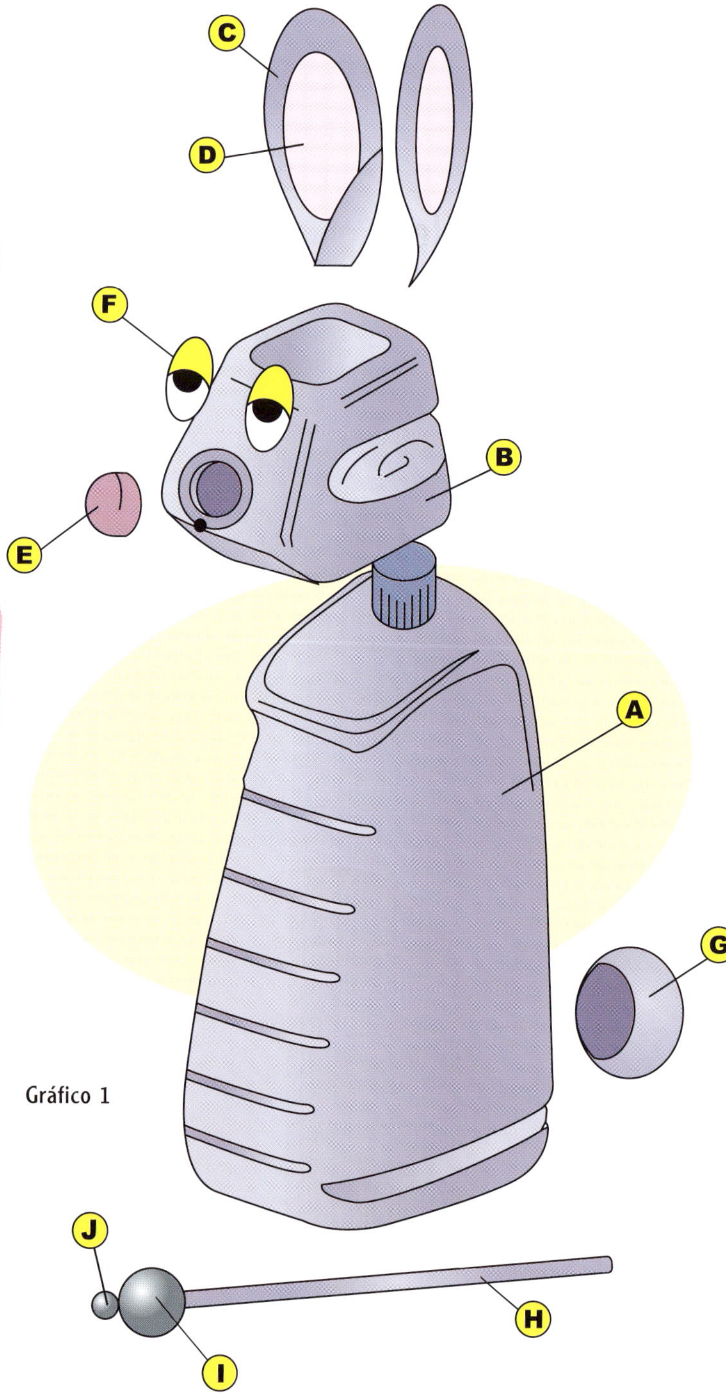

Gráfico 1

Gallito coqueto

Materiales

- 1 pulverizador de plástico
- Pegamento universal
- Acrílicos fucsia, rosa y negro
- Pincel
- Tijera
- Cartulinas o espuma recortable rosa oscuro y claro, blanco y amarillo

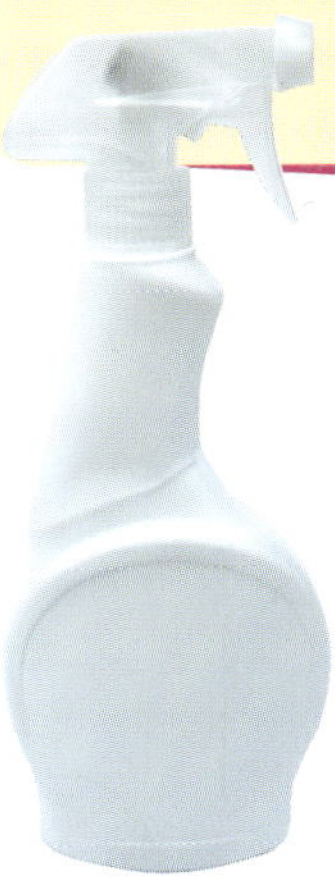

Plantillas

Traslada las plantillas y córtalas en los materiales indicados.

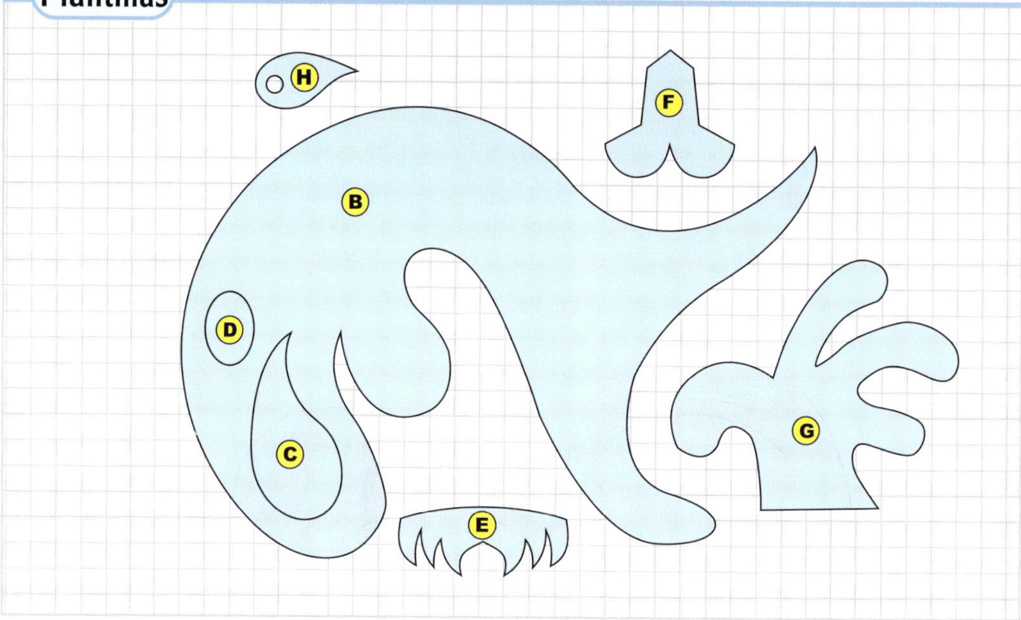

Piezas

Ⓐ Cuerpo: 1 pulverizador de plástico

COLA

Ⓑ 2 piezas de cartulina rosa

Ⓒ 2 piezas de cartulina amarilla

Ⓓ 2 piezas de cartulina amarilla

Ⓔ Patas: 1 pieza de cartulina amarilla

Ⓕ Buche: 1 pieza de cartulina rosa

Ⓖ Cresta: 2 piezas de cartulina rosa

Ⓗ Ojos: 2 piezas de cartulina blanca

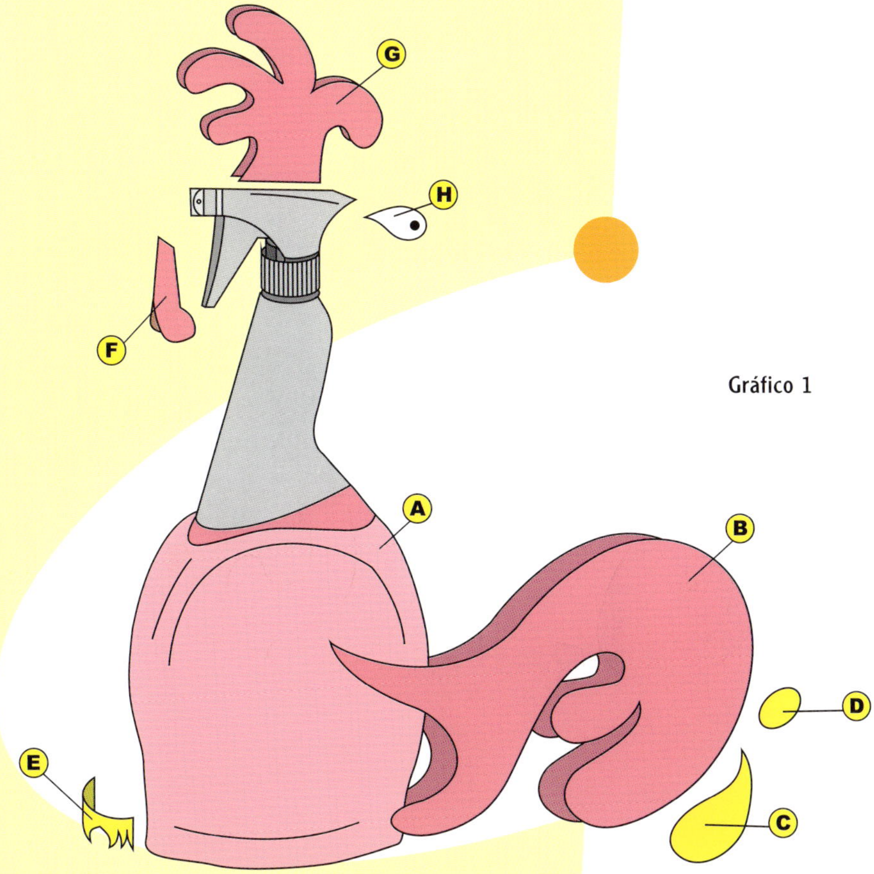

Gráfico 1

Realización

Guiándote por el modelo, pinta el envase (A) y el pulverizador.

Déjalos secar antes de continuar.

CRESTA
Adhiere entre sí ambas piezas (G) pero recuerda que debes dejar sin pegar 1 cm en el borde de cada una de ellas. Ese centímetro libre de cada lado permitirá que puedas unirla firmemente al envase.

PICO
Toma la pieza (F) y pégala en el gatillo del pulverizador como muestra el gráfico 1.

COLA
Adhiere a ambos lados del envase cada una de las piezas (B), de manera que coincidan en la prolongación de la cola.

Pega a ambos lados las piezas (C) y (D), como muestra el modelo terminado.

Para finalizar, pega en la parte delantera del envase la pieza (E), que imitará las patas.

Tren muy dulce

Materiales

- 2 bandejas de plástico rectangulares: 1 grande y 1 más pequeña
- 1 vaso de plástico
- Media tapa de plástico
- 4 depresores de lengua o palitos de helado
- 8 tapas de plástico (del mismo tamaño)
- Pinturas acrílicas negra, roja, turquesa y dorada
- Pincel
- Tijera
- Pegamento universal

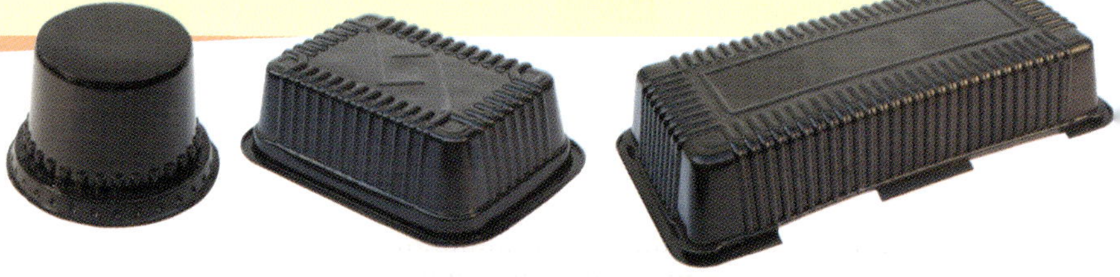

Realización

Antes de comenzar con el montaje es conveniente que pintes todos los elementos indicados y los dejes secar. Recuerda que los colores se dan como guía pero tú puedes cambiarlos por los que más te agraden.

Montaje

LOCOMOTORA
Guiándote por el modelo terminado y el gráfico 1 arma la locomotora.

Para unir cada par de ruedas, adhiere entre ambas el palillo de helado.

Repite la operación con el otro par de ruedas. Luego, pégalas a ambos lados de la locomotora.

Adhiere la pieza (B) en la parte delantera.

Encima de la bandeja deberás pegar los 2 vasos de plástico (C) y (D), como muestra la fotografía del modelo terminado.

Decora la parte delantera con una estrella.

Sigue los mismos pasos para realizar el vagón.

¿Sabías que...?

Debes apagar las luces de la habitación cuando salgas de ella.
No dejes nunca una luz encendida cuando el cuarto está vacío.
La misma regla rige para la ventilación y la calefacción.

Piezas

LOCOMOTORA

- (A) 1 bandeja rectangular de plástico
- (B) Frente: media tapa de plástico negra y dorada
- (C) 1 vasito de plástico dorado
- (D) 1 vaso de plástico grande
- (E) Ruedas: 8 tapas de plástico
- (F) Soporte de las ruedas: 4 palillos de helado o depresores de lengua

VAGÓN

- (G) 1 bandeja de plástico negro
- (H) Ruedas: 4 tapas de plástico rojo
- (I) Soporte de las ruedas: 2 palillos de helado pintados de dorado

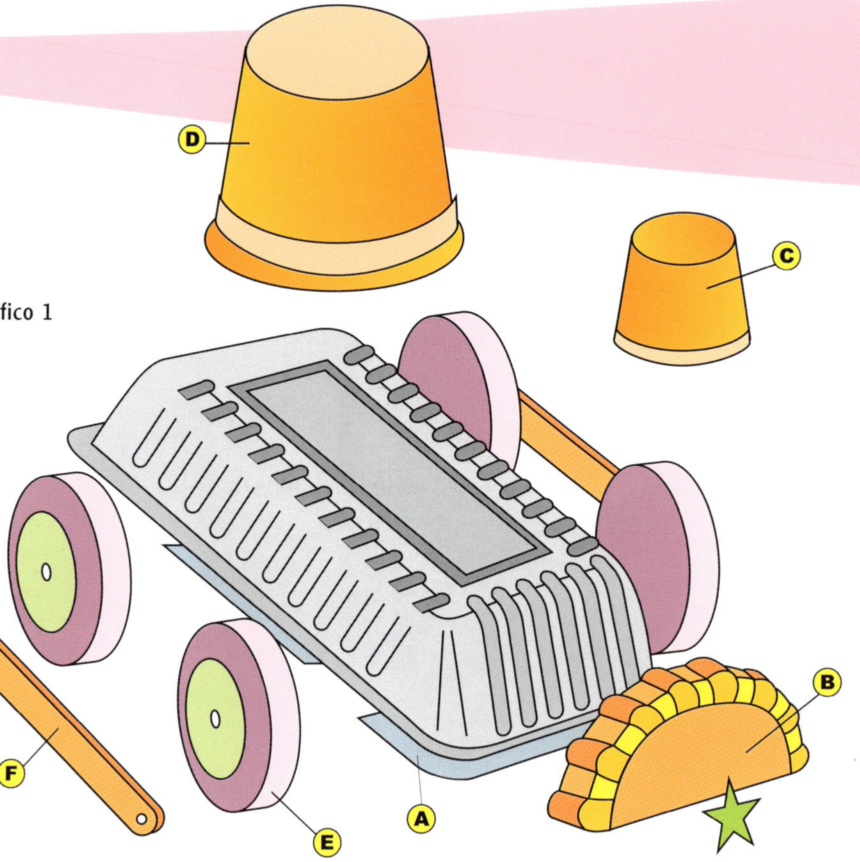

Gráfico 1

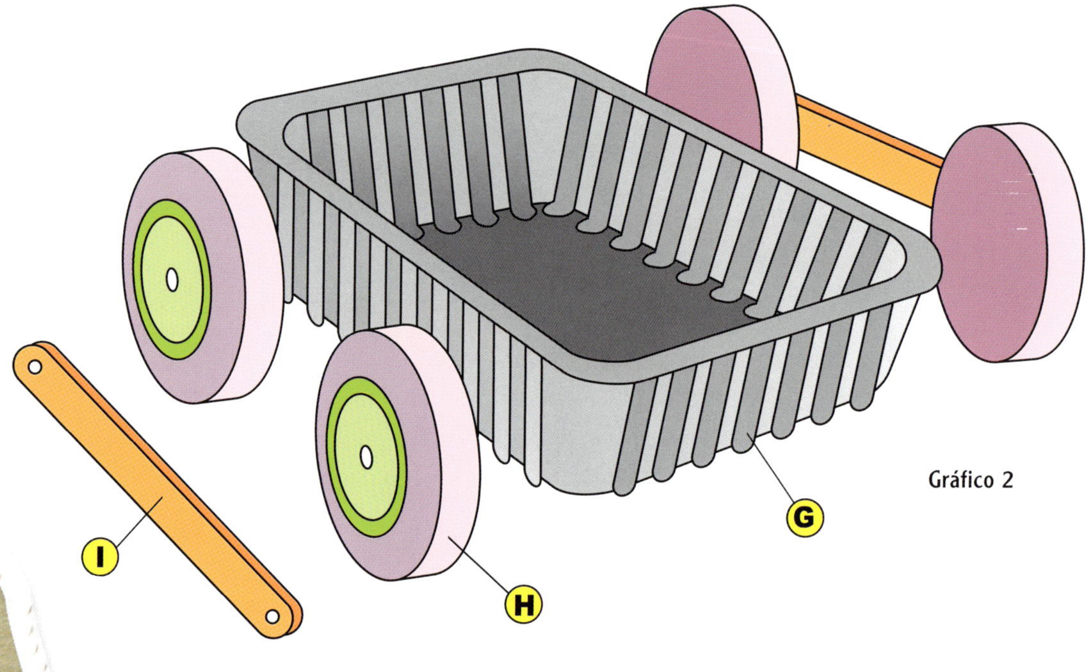

Gráfico 2

Brujitas

Materiales

- 1 copa de plástico
- 1 estropajo de aluminio
- 1 esfera de poliexpán (corcho blanco)
- 1 palillo de dientes
- Espuma recortable o cartón para la base
- 15 cm de tela roja
- Papel felpilla o cartulina negra
- Pegamento universal
- 10 cm de cinta roja

Realización

Antes de comenzar a trabajar deberás eliminar la base de cada copa de plástico. Algunas copas se venden con base a rosca. De esa manera solamente deberás desenroscarla antes de comenzar con el montaje de la bruja.

CABEZA

Comienza por pintar la esfera (A) de color beis y déjala secar.

Luego dibuja los ojos y la boca como muestra el dibujo.

Introduce el trozo de palillo para formar la nariz.

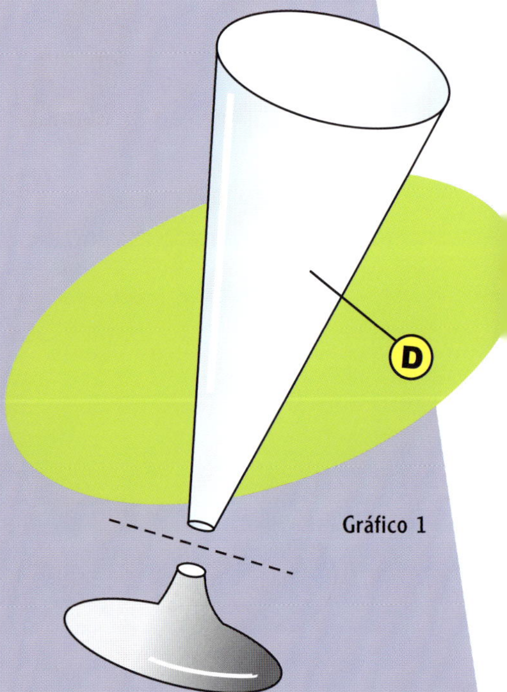

Gráfico 1

IMPORTANTE

Los materiales y las explicaciones se detallan para una brujita. Realiza de la misma manera todas las que desees.

Guiándote por el modelo terminado, pega el estropajo de aluminio sobre la esfera para dar forma al cabello erizado de la bruja.

Introduce el extremo de la copa en el centro de la cabeza y adhiérelo con pegamento.

Rellena el cuerpo con golosinas o lo que quieras, y pega la base (E).

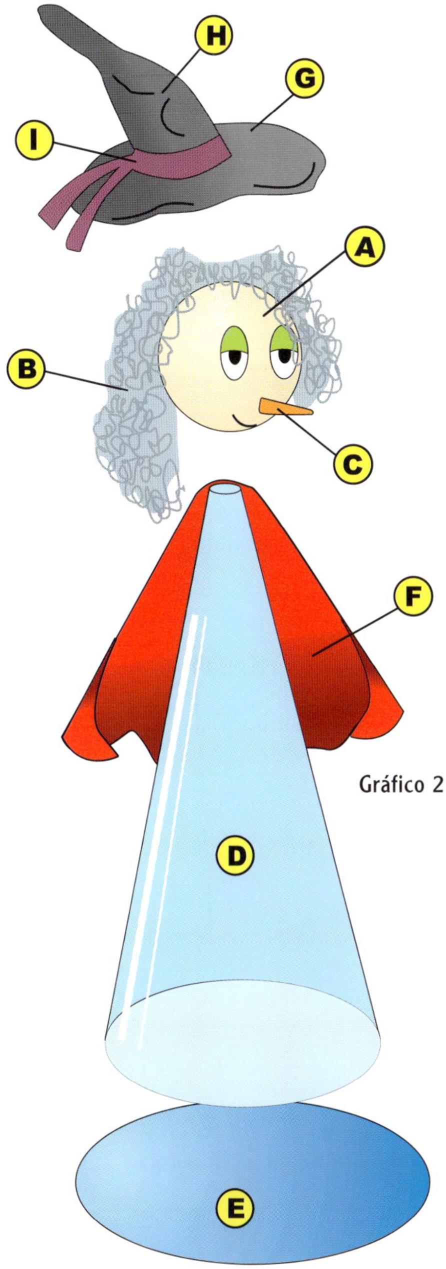

Gráfico 2

Piezas

- (A) Cabeza: 1 esfera de poliexpán de 4 cm de diámetro
- (B) Cabello: 1 estropajo de aluminio
- (C) Nariz: Medio palillo
- (D) Cuerpo: 1 copa de plástico transparente
- (E) Base de la copa: 1 pieza de cartón o espuma recortable
- (F) Capa: 1 pieza de tela a tu elección

SOMBRERO

- (G) Base: 1 pieza de papel felpilla negro
- (H) Copa: 1 pieza de papel felpilla negro
- (I) Cinta: 1 pieza de cinta roja

Plantillas

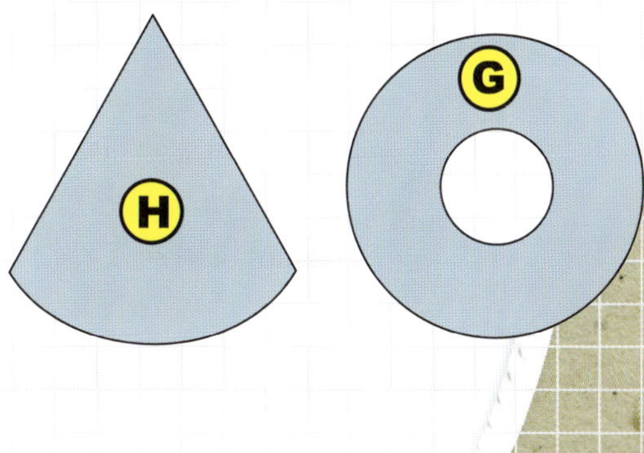

SOMBRERO

Une los lados de la copa del sombrero (H) y pégala al ala (G). Para finalizar, coloca la cinta roja (I).

Pega el sombrero a la cabeza.

Cohete espacial

Materiales

- 1 botellita de plástico
- 1 pico aplicador de mostaza
- 1 tapón de plástico
- 1 tapa de plástico mediana
- Pincel
- Pintura acrílica turquesa, roja y negra
- Espuma recortable amarilla
- Poliexpán (corcho blanco) blanco
- Tijera
- 2 estrellas de papel turquesa
- Pegamento universal
- Números y letras a tu elección

Plantillas

Traslada las plantillas y córtalas en los materiales indicados.

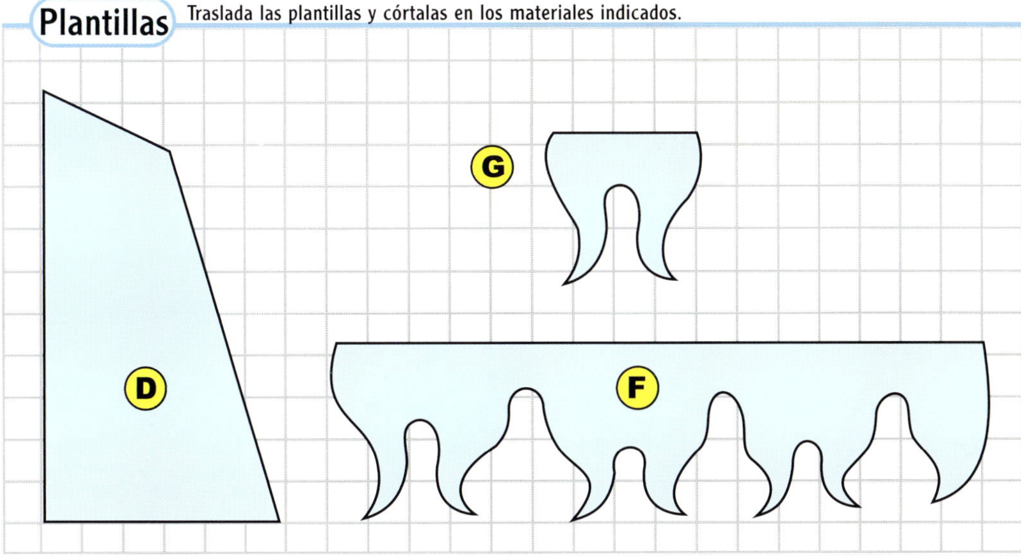

Piezas

- (A) Botellita de plástico
- (B) Tapón de plástico
- (C) Pico de plástico
- (D) Alas: 2 piezas de poliexpán
- (E) Motor: 1 tapa de plástico
- (F) Llamas: 1 pieza de espuma recortable amarilla
- (G) Llamas pequeñas: 2 piezas de espuma recortable amarilla

Realización

Comienza por pintar de color turquesa el tapón y la punta del pico (C) de color negro.

Pinta de color rojo la tapa de plástico que servirá de base al cohete (E).

Montaje

Para formar la base del cohete, coloca la tapa boca abajo (E) y, sobre ella, la pieza (F), que imitará las llamas.

Pega, sobre el conjunto ya formado, la botella, que será el cuerpo del cohete (A) y luego las piezas (B) y (C) en la punta como muestran el gráfico 1 y el modelo terminado.

ALAS
Recorta las alas de poliexpán (corcho blanco) (D) y colócalas a ambos lados del cohete.

Decora las alas con estrellas de papel turquesa.

Para finalizar pega las llamas (G) debajo de las alas y añade el nombre del cohete.

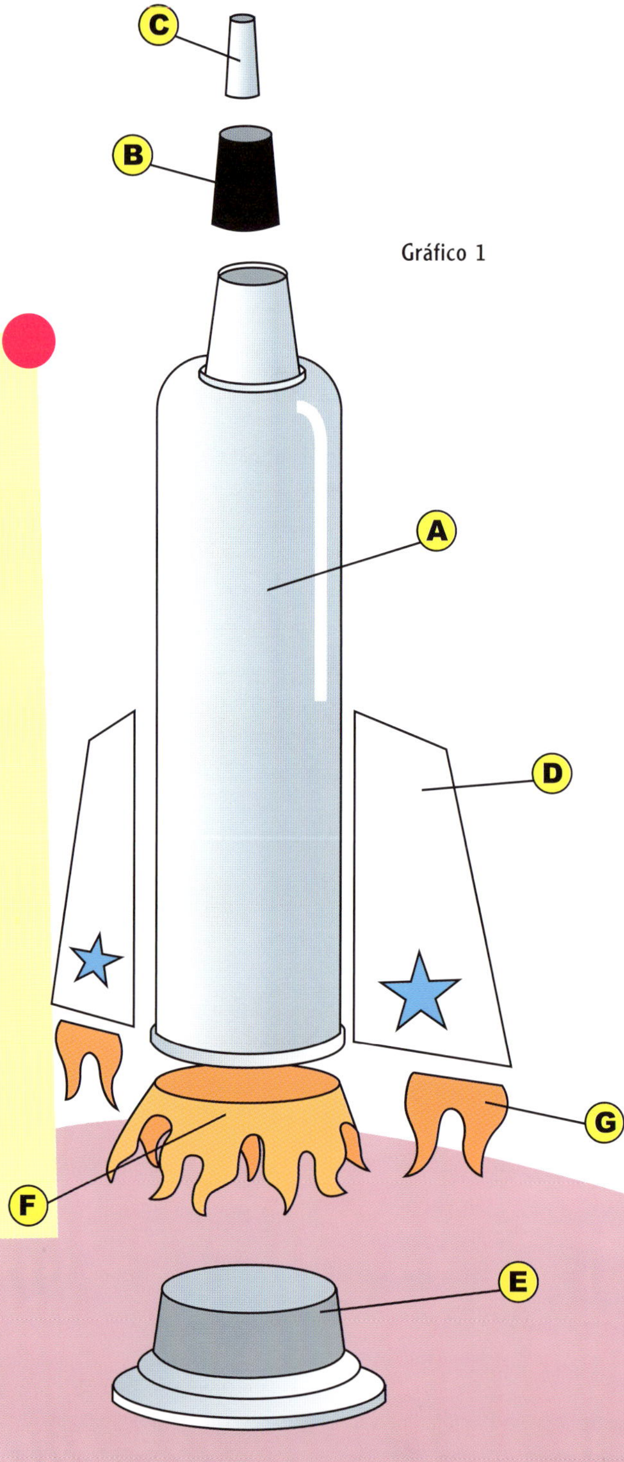

Gráfico 1

Elefante articulado

Materiales

- 5 vasos de plástico (tamaño mediano)
- 1 recipiente de plástico pequeño
- 20 cm de espuma recortable gris
- Cartulina rosa
- 1 par de arandelas de papel
- Rotulador indeleble negro
- 20 cm de hilo de algodón grueso
- Pintura acrílica o témpera gris
- Pegamento universal
- Tijera
- Pincel

Piezas

- (A) Cabeza: 1 vaso de plástico pequeño
- (B) Cuerpo y extremidades: 5 vasos de plástico medianos
- (C) Cara: 1 pieza de espuma recortable gris
- (D) Pezuñas de las patas: 2 piezas de cartulina rosa
- (E) Pezuñas de los brazos: 2 piezas de cartulina rosa
- (F) Orejas, parte interna: 2 piezas de cartulina rosa

Realización

Comienza por pintar el exterior de los 6 vasos que darán forma al muñeco y déjalos secar.

CABEZA
Sobre la cara (C) pega las piezas (F), que corresponden a la parte interna de las orejas.

Luego, dibuja con rotulador negro el contorno de las orejas, las cejas y las líneas de la trompa.

Pega las arandelas que imitarán los ojos. Adhiere la trompa ya formada sobre la cabeza (A) y resérvala hasta el momento del montaje.

PATAS
Pega las pezuñas (D) sobre cada uno de los vasos que imitarán las patas.

Pega ambas patas debajo del cuerpo como muestra el modelo terminado.

BRAZOS
Pasa un trozo de cordón a través de los dos vasos que imitarán los brazos, realizando un nudo en cada extremo. De esa manera evitarás que se desprendan.

Pasa el otro extremo del cordón dentro de la cabeza (A) y vuelve a anudar.

Para finalizar, pega en la parte superior del cuerpo la cabeza y los brazos ya formados, como muestra el modelo terminado.

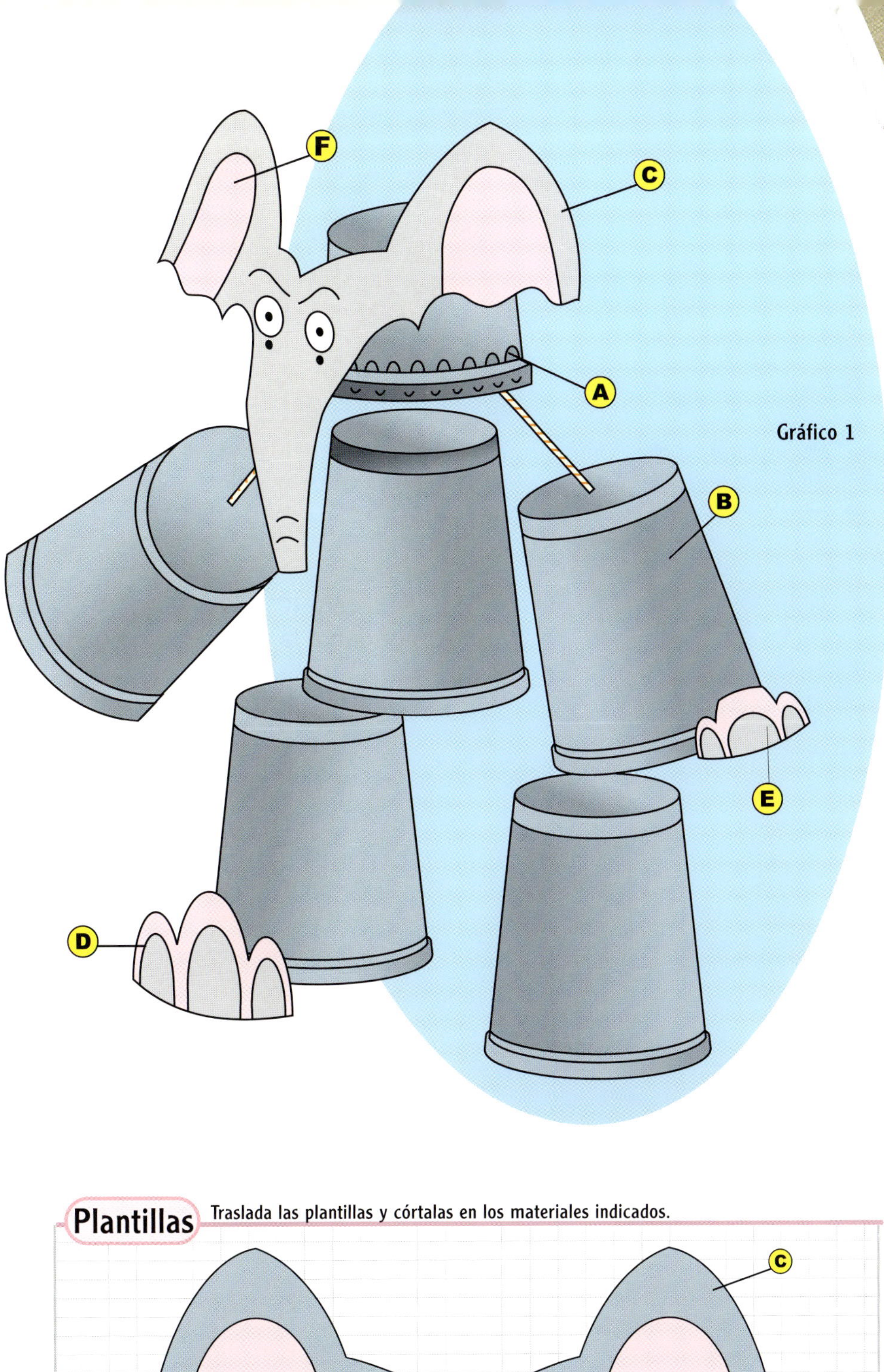

Gráfico 1

Plantillas

Traslada las plantillas y córtalas en los materiales indicados.

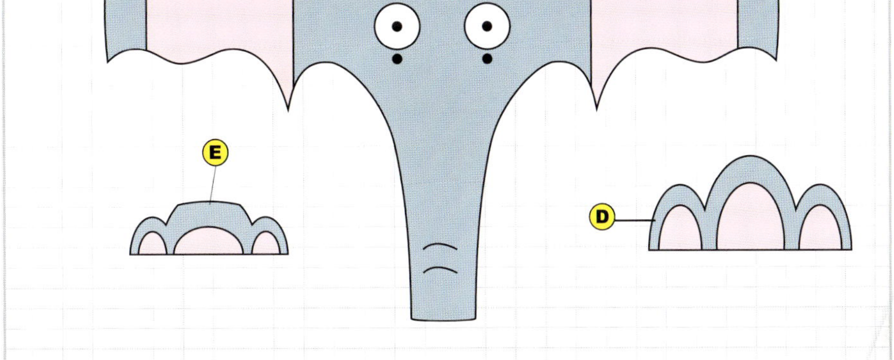

Flor de luz

Un vistoso candelabro para decorar la mesa

IMPORTANTE

Para lograr que las copas tengan mayor estabilidad es importante que las rellenes con arena.

Materiales

- 2 copas de plástico
- Espuma recortable amarilla
- 2 velitas
- Cartulina rosa
- Acrílicos verde, rosa, amarillo y blanco
- Pincel
- Tijera
- Pegamento universal
- Arena (cantidad necesaria para rellenar las copas)

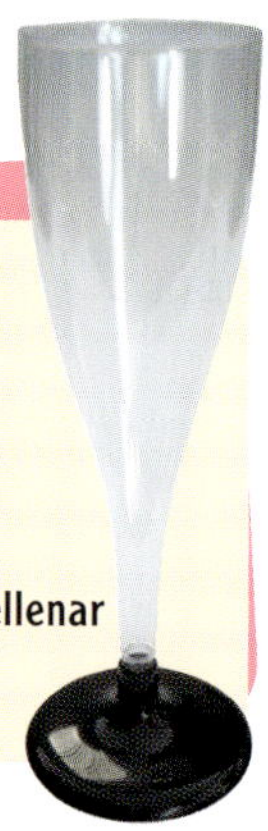

Realización

Pinta el interior y la base de la copa con pintura acrílica verde. Deja secar.

Guiándote por el modelo terminado, decora la base de la copa realizando ondas y puntos. Deja secar.

Antes de continuar es conveniente que rellenes la copa con arena y pegues encima la pieza (B) de espuma recortable, que evitará que la arena salga de la copa.

Guiándote por el modelo terminado, pinta los círculos en cada uno de los pétalos (C).

Monta la flor pegando las piezas (C) y (D), y encima adhiere el portavelas. Para finalizar, pega la pieza (G) alrededor del portavelas para lograr una mejor terminación.

Piezas

- (A) Copa de plástico
- (B) Base de la copa: 1 pieza de espuma recortable amarilla
- (C) Base de la flor: 1 pieza de cartulina
- (D) Flor: 1 pieza de cartulina rosa
- (E) Base del portavelas: 1 pieza de cartulina rosa
- (F) Portavelas
- (G) 1 pieza de espuma recortable amarilla

Plantillas

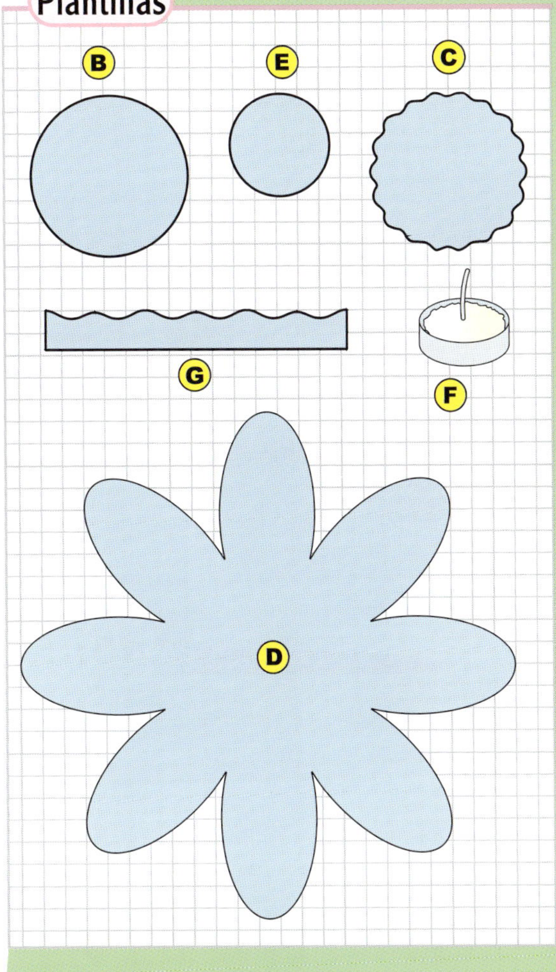

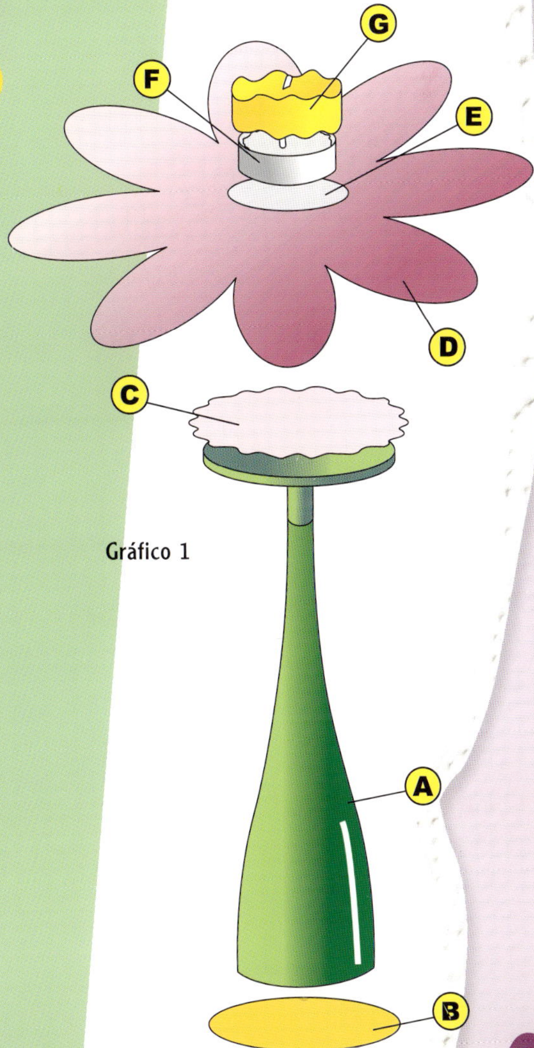

Gráfico 1

Flamenco rosa

Materiales

- 1 botella de plástico de forma similar al modelo (limpiador de inodoro)
- Pegamento universal
- Acrílicos: rosa intenso, amarillo y negro
- 1 par de arandelas de papel
- Cartón
- Tijera
- Pincel
- 2 lápices

Realización

Pinta de color rosa la botella de plástico (A), los lápices (B) y los pies (C), y déjalos secar.

Pinta de color negro la tapa del recipiente, que imitará el pico del flamenco.

Piezas

- (A) Cuerpo: 1 botella de plástico
- (B) Patas: 2 lápices
- (C) Pie: 2 piezas de cartón
- (D) Cola: 1 pieza de cartulina rosa
- (E) Ojos: 1 par de arandelas

Montaje

PATAS

Adhiere los pies (C) a los lápices. Luego, introduce cada uno de ellos en el envase, guiándote por el gráfico 1 y el modelo terminado.

Es importante que verifiques que el flamenco quede estable antes de que el pegamento seque.

Pinta de color amarillo las arandelas (E), que imitarán los ojos, y colócalas sobre la cabeza. Para finalizar, pega la cola (D) como muestra el modelo terminado.

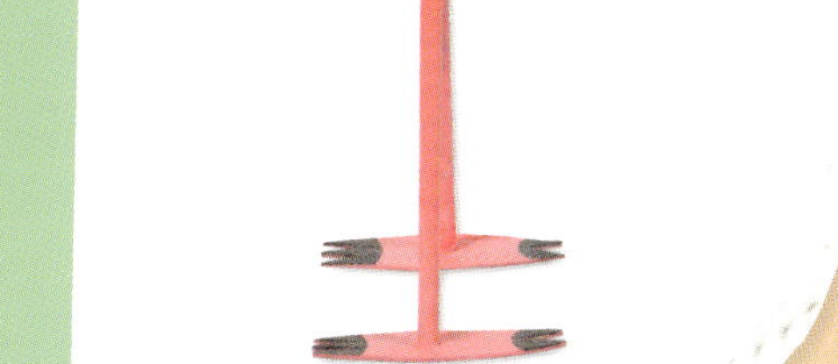

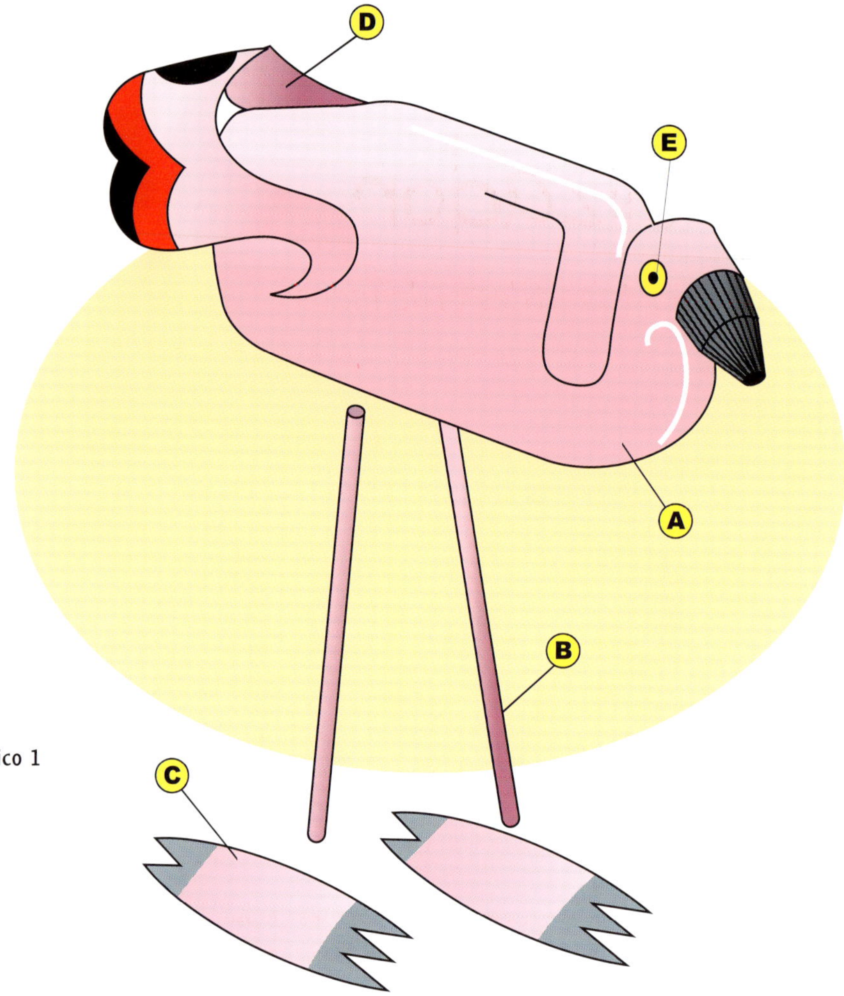

Gráfico 1

Plantillas

Traslada las plantillas y córtalas en los materiales indicados.

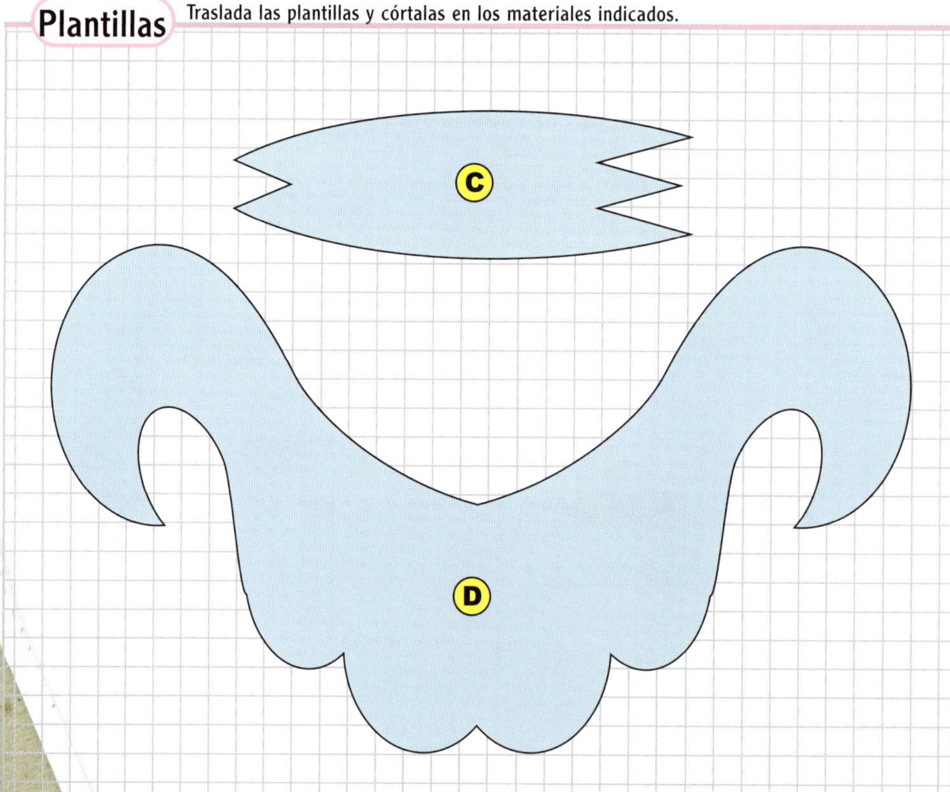

Organizador

Ideal para tener tus útiles ordenados

Importante

Los colores se proponen como guía pero tú puedes cambiarlos a tu gusto.

Materiales

- 3 bandejas rectangulares de poliexpán (corcho blanco), del mismo tamaño
- 1 bandeja plana rectangular de poliexpán (corcho blanco)
- 2 vasos de plástico o de poliexpán (corcho blanco)
- 2 perlas turquesas
- 15 cm de cordón o hilo grueso
- Pegamento universal
- Rotulador negro
- Acrílicos verde claro, verde oscuro, amarillo y turquesa
- Pincel
- Tijera

Realización

BANDEJA SUPERIOR

Para realizar el estante (D), corta la base de una de las bandejas rectangulares.

Luego, deberás pegarla a la bandeja (A), como muestra el gráfico1.

BANDEJA INFERIOR

Corta por la mitad el vaso de plástico (E) y luego pega ambas mitades, de manera simétrica, sobre la bandeja inferior (C) (ver gráfico 1).

Guiándote por el modelo terminado, pinta las bandejas y déjalas secar.

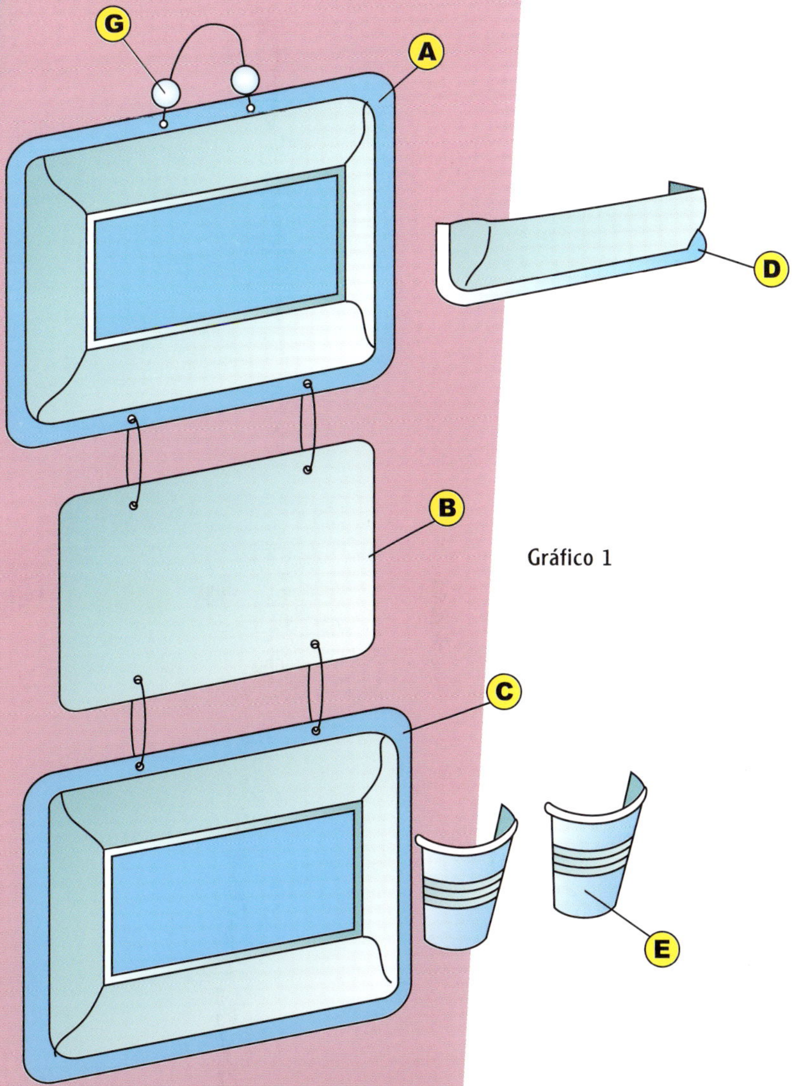

Gráfico 1

Montaje

Realiza las perforaciones en cada bandeja: 2 arriba y 2 abajo (excepto la última, que sólo las lleva abajo), procurando que todas estén a la misma distancia. Ese detalle permitirá que, al atarlas entre sí, las tres bandejas queden bien alineadas.

Para unir las bandejas deberás introducir un trozo de cordón (F) por las perforaciones realizadas, anudándolas por la parte posterior para lograr una terminación cuidada.

Para colgar el organizador pasa el cordón por ambas perlas y luego introduce un extremo del cordón en cada abertura superior y anuda por detrás para evitar que el cordón se deslice al colgarlo.

Piezas

- (A) Bandeja superior
- (B) Bandeja plana
- (C) Bandeja inferior
- (D) Estante (parte de 1 bandeja rectangular)
- (E) 2 mitades de un vaso de plástico
- (F) 50 cm de cordón negro
- (G) 2 perlas turquesa

Reloj

Materiales

- 1 plato desechable de poliexpán (corcho blanco)
- Pegamento universal
- 1 maquinaria de reloj
- 1 par de agujas
- Cuadrante de reloj
- 1 colgador para cuadros
- Tijera
- Pincel
- Pinturas acrílicas naranja y negra

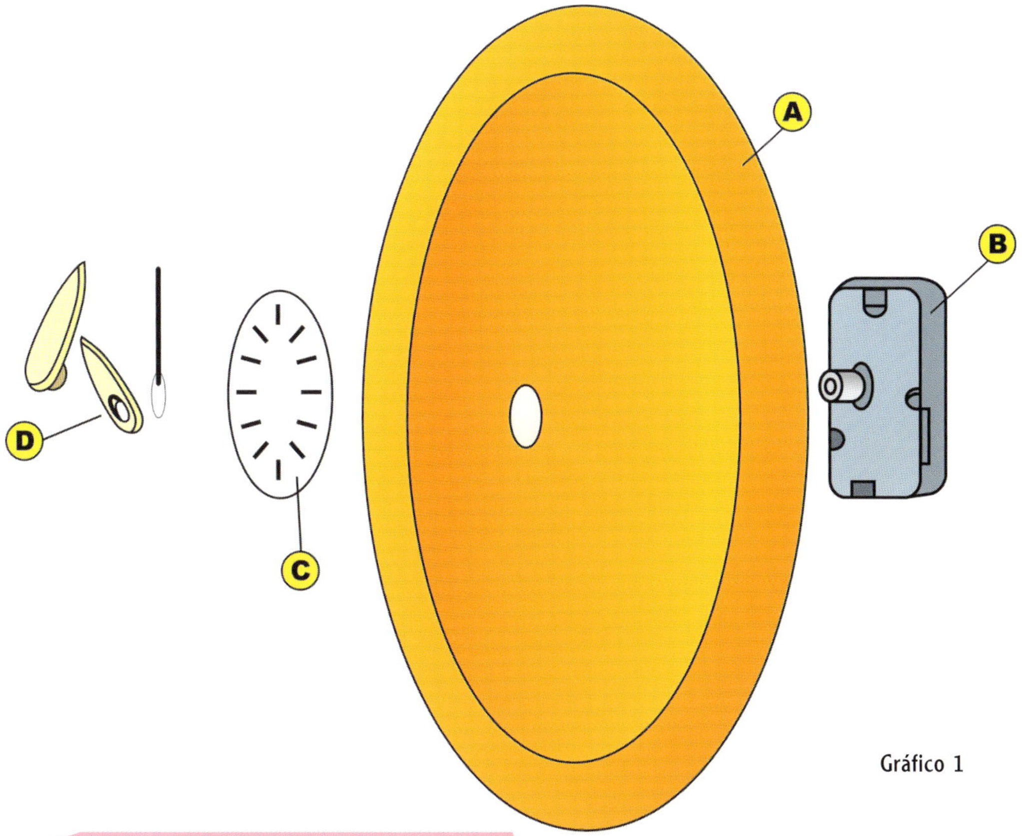

Gráfico 1

Realización

Comienza por pintar de color naranja la parte delantera del plato y déjalo secar.

Luego, con acrílico negro dibuja las rayas imitando una pelota de baloncesto.

Con la tijera, realiza una perforación en el centro del plato (pide ayuda a un adulto).

Adhiere el cuadrante en la parte delantera.

Pide ayuda a un adulto para colocar la caja del reloj detrás del plato y fijar las agujas por delante.

Puedes utilizarlo apoyado sobre una superficie firme pero, si deseas colgarlo, deberás pegar por detrás un colgador para cuadros.

Piezas

- (A) Plato de poliexpán
- (B) Maquinaria de reloj
- (C) Cuadrante
- (D) Agujas

Joyero corona

También un curioso portarretratos

Materiales

- 1 tarro de plástico
- 1 fotografía
- Cartulina rosa
- Espuma recortable lila

- Pinturas acrilicas: blanca, lila y rosa
- Pincel
- Tijera
- Lápiz
- Pegamento universal

Realización

Retira la tapa del tarro que vas a utilizar.

Para obtener la pieza (F) marca el contorno de la tapa, sobre la espuma recortable rosa. Luego, recórtala y pégala sobre la tapa.

Para formar la cenefa que tiene el modelo, toma la pieza (D) y dibuja las ondas con pintura lila.

Pega la pieza (C) sobre el borde de la tapa y realiza el punteado con blanco.

Coloca la fotografía dentro del frasco y pon la tapa.

De esa manera habrás conseguido un joyero y un portarretratos diferente y muy coqueto.

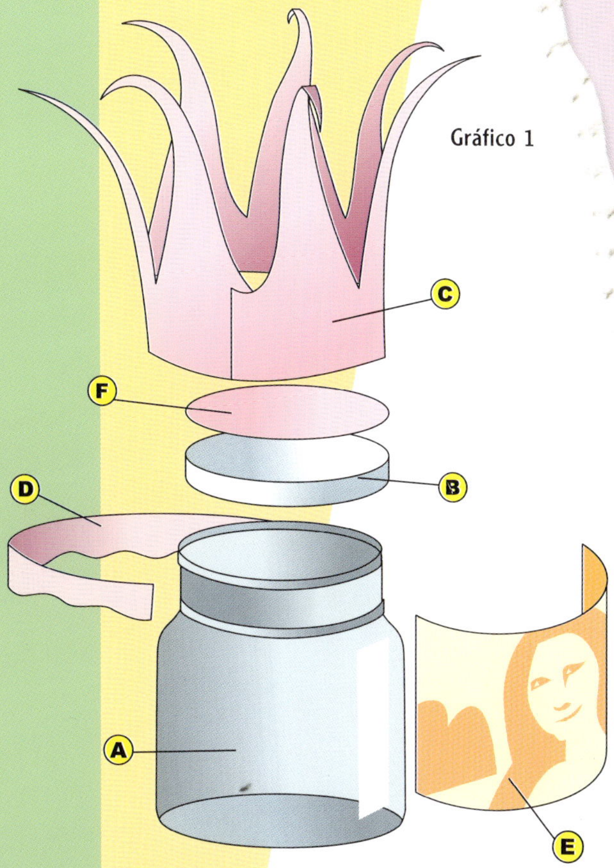

Gráfico 1

Plantillas

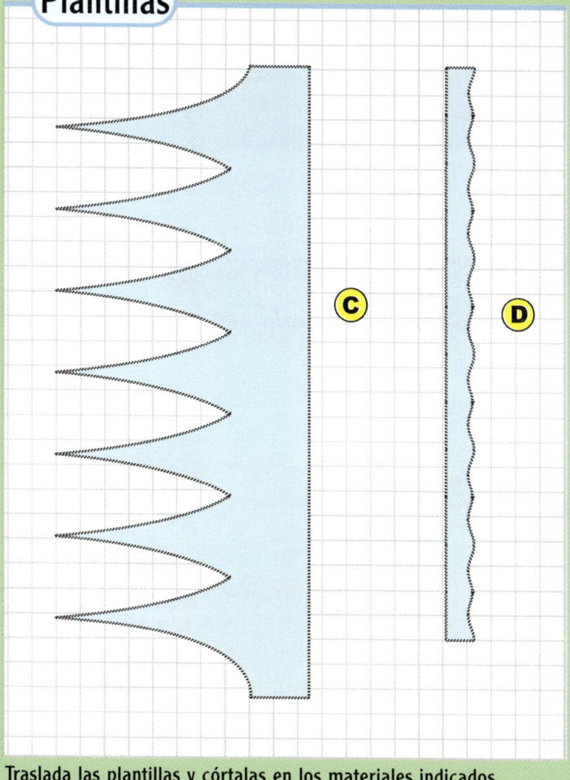

Traslada las plantillas y córtalas en los materiales indicados.

Piezas

- (A) Tarro de plástico transparente
- (B) Tapa
- (C) Corona: 1 pieza de cartulina rosa
- (D) Cenefa: 1 pieza de espuma recortable rosa
- (E) Fotografía
- (F) 1 pieza de espuma rosa

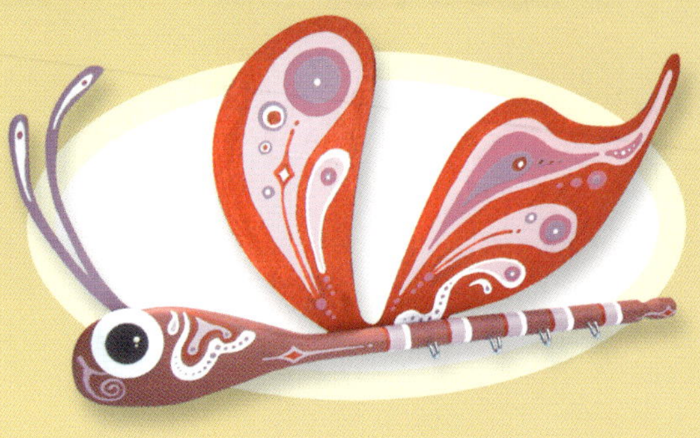

Capítulo 3

Con madera y latas recicladas

Tambor

Materiales

- 1 lata
- Cordón o hilo de algodón, de los que se usan para atar paquetes
- 8 chinchetas
- 4 estrellas de papel
- 2 círculos de espuma naranja para forrar la base de la lata
- Pintura acrílica de color rojo
- 1 pincel
- 1 lápiz
- 1 esfera de poliexpán (corcho blanco) de 5 cm de diámetro
- Pegamento universal

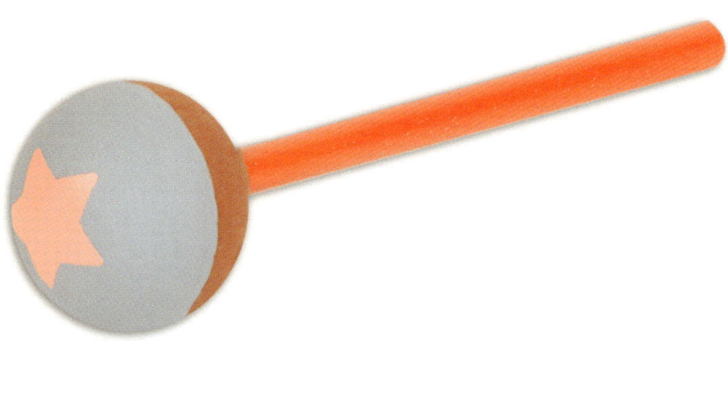

Realización

Comienza por lavar la lata, secarla y pintar el exterior. Deja secar.

Coloca 4 chinchetas (F) en la parte superior de la lata de manera equidistante.

Repite la operación en la parte inferior de la lata con las 4 chinchetas restantes.

Guiándote por el gráfico 1 y el modelo terminado, comienza a pasar el hilo, enrollando cada chincheta arriba y abajo, hasta completar toda la vuelta.

Anuda el extremo, córtalo y coloca pegamento para evitar que se desprenda.

Coloca el círculo de espuma recortable (B).

PALILLO
Introduce el lápiz (C) dentro de la esfera de poliexpán (corcho blanco) (D) asegurando la unión con pegamento.

Píntalo de los colores que desees y pega la estrella como muestra el modelo terminado.

IMPORTANTE

Como debes utilizar un martillo es conveniente que pidas ayuda a un adulto.

Piezas

- (A) Lata
- (B) 2 círculos de espuma recortable de colores brillantes
- (C) Palillo: 1 lápiz
- (D) 1 esfera de poliexpán de 5 cm de diámetro
- (E) 1 estrella de color brillante
- (F) 8 chinchetas de plástico

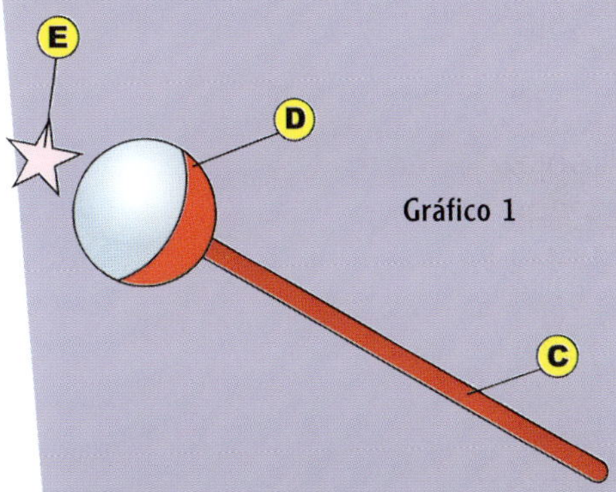

Gráfico 1

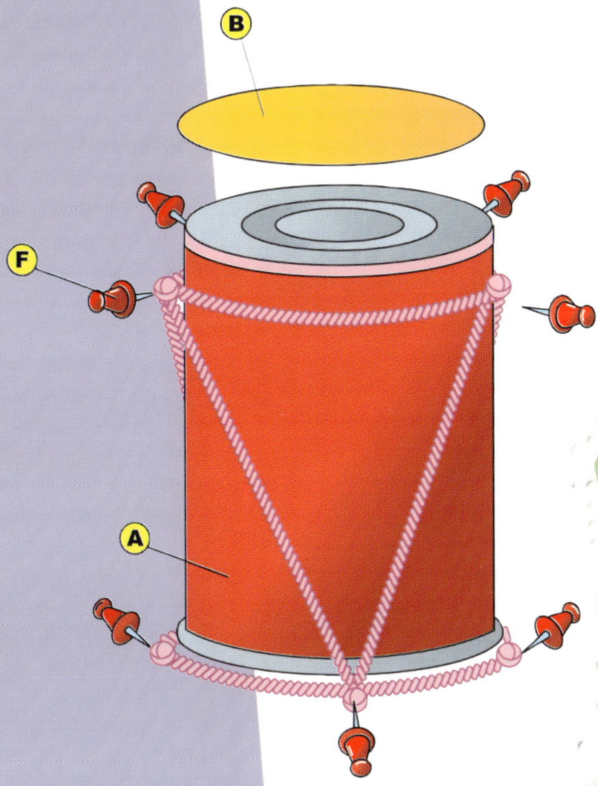

Mono pandereta

Materiales

- 1 plato o recipiente de poliexpán (corcho blanco) o plástico
- 8 chapitas de metal
- 1 par de ojos de plástico
- 1 morro de plástico
- Cartulinas: marrón, rosa y amarillo
- 2 trozos de alambre fino
- Cinta adhesiva
- Pintura acrílica dorada
- Pincel
- Tijera
- Pegamento universal

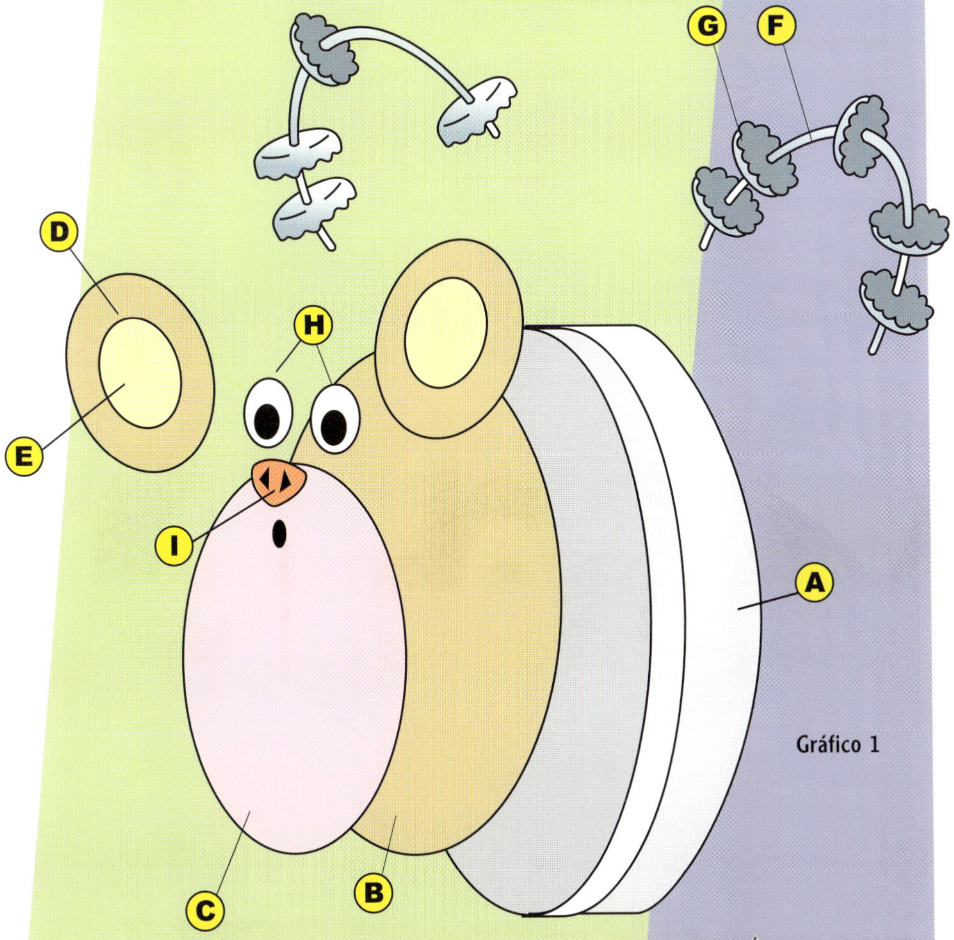

Gráfico 1

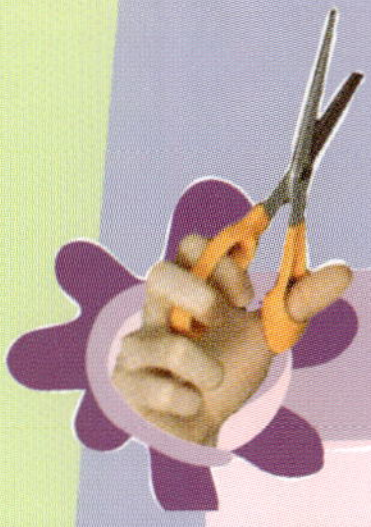

Piezas

- Ⓐ 1 plato o recipiente de poliexpán
- Ⓑ Cara: 1 pieza de cartulina marrón
- Ⓒ 1 pieza de cartulina rosa
- Ⓓ Orejas: 2 piezas de cartulina marrón
- Ⓔ Parte interna de la oreja: 2 piezas de cartulina amarilla
- Ⓕ Cascabeles: 2 trozos de alambre fino de 10 cm
- Ⓖ 8 chapas de metal
- Ⓗ 2 ojos de plástico
- Ⓘ 1 morro de plástico

Realización

Comienza por pintar las chapitas y el plato de color dorado y déjalos secar antes de continuar con el montaje.

Pide a un adulto que perfore con un clavo el centro de cada chapita.

Luego introduce 4 chapas dentro del trozo de alambre. Repite la operación con las otras cuatro.

Plantillas

Traslada las plantillas y córtalas en los materiales indicados.

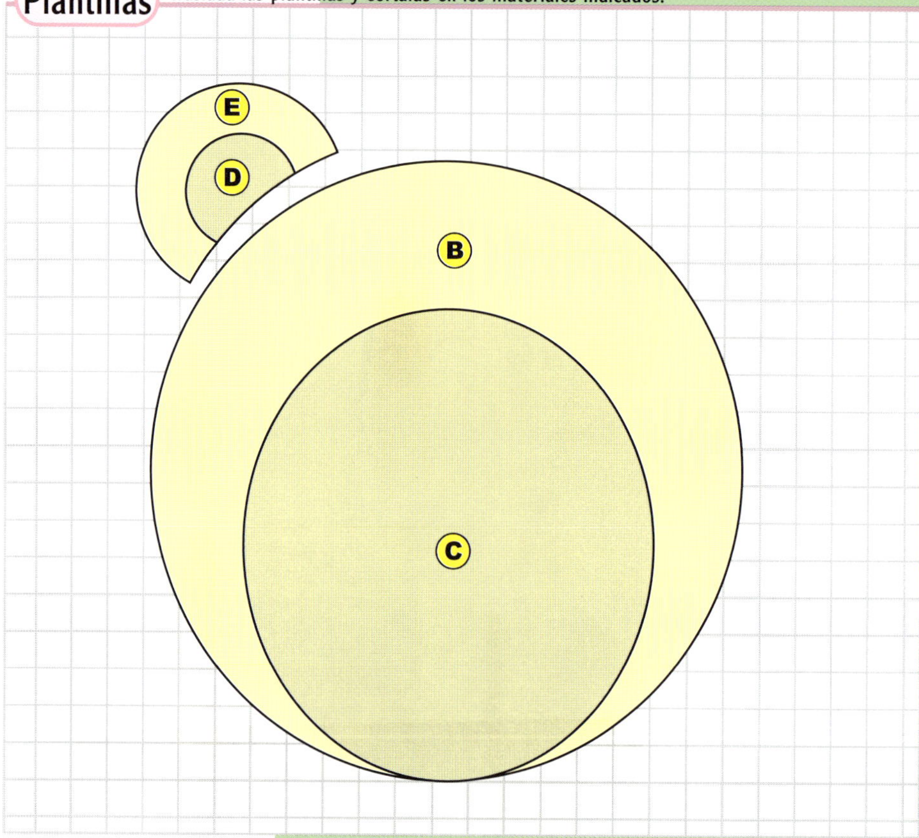

¿Sabías que...?

Algunas especies marinas corren serio peligro de extinción debido al abuso en la extracción indiscriminada de la pesca.

Montaje

Guiándote por el gráfico 1 y el modelo terminado, pega sobre el plato (A) las piezas (B), (C), (D) y (E) para formar la cara del mono.

Luego, introduce cada trozo de alambre en sus respectivas chapitas a cada lado de la cabeza del monito.

Por el lado interno del plato asegura los extremos del alambre con trozos de cinta (gráfico 1).

Portalápices

Materiales

- 1 lata
- Cartulina negra
- 2 perlas pequeñas blancas
- Espuma negra, amarilla y gris
- Pegamento universal
- Pinturas acrílicas blanca y negra
- Rotuladores blanco y negro
- Tijera
- Pincel

Plantillas

Traslada las plantillas y córtalas en los materiales indicados.

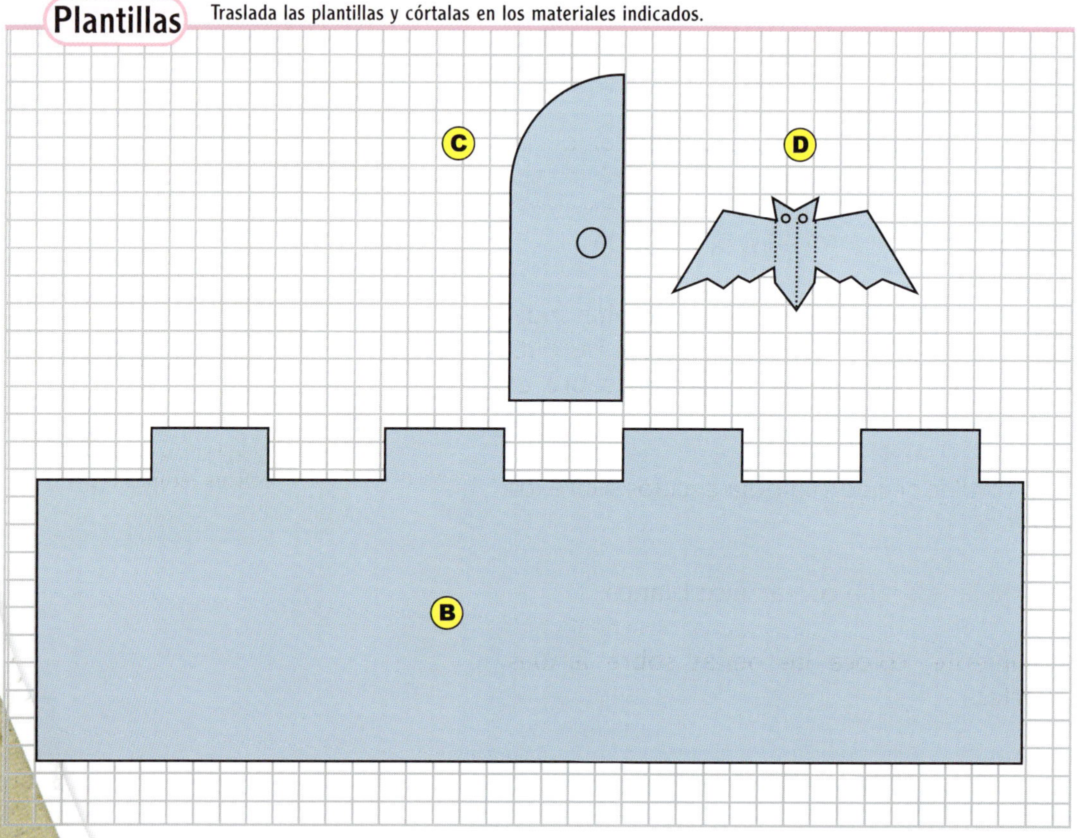

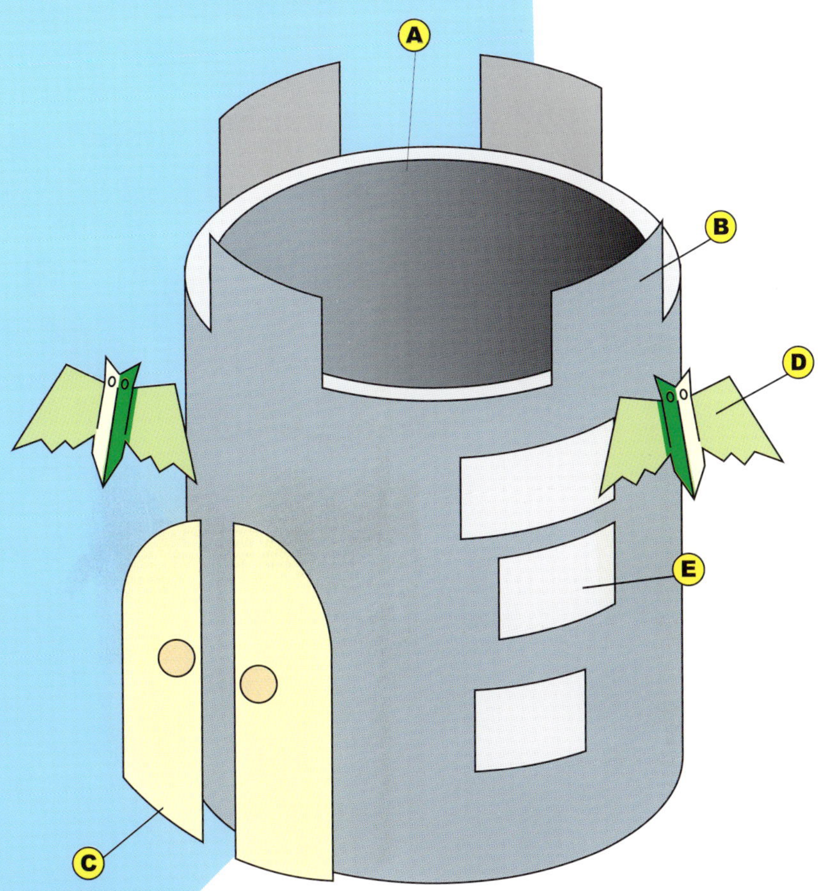

Gráfico 1

Realización

Corta la pieza (B) y pégala alrededor de la lata.

Coloca las puertas (C) y los ladrillos (E).

Corta los vampiros y realiza el doblez indicado en las plantillas. Luego, dibuja los ojos con rotulador blanco y adhiérelos sobre el portalápices.

Con rotulador negro dibuja círculos sobre los ladrillos.

Dibuja la telaraña con acrílico blanco.

Finalmente, coloca las perlas sobre ambas puertas.

Piezas

- (A) Lata
- (B) Cubierta: 1 pieza de espuma recortable negra
- (C) Puerta: 2 piezas de espuma recortable amarilla
- (D) Murciélagos: 2 piezas de cartulina negra
- (E) Ladrillos: rectángulos de espuma recortable gris

Pinzas divertidas

Úsalas para sujetar tus papeles

Materiales

- Pinzas de madera para tender la ropa
- Alfileres de cabeza grande de varios colores (4 para cada pinza)
- Esferas de poliexpán (corcho blanco) de 6 cm de diámetro
- Pinturas acrílicas blanca, roja, amarilla, verde claro y oscuro
- Pegamento universal
- Pincel
- Hoja blanca
- Tijera
- Cúter

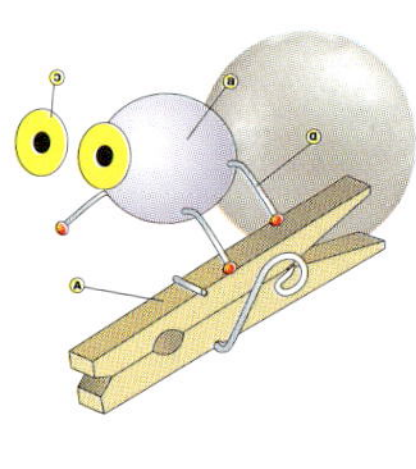

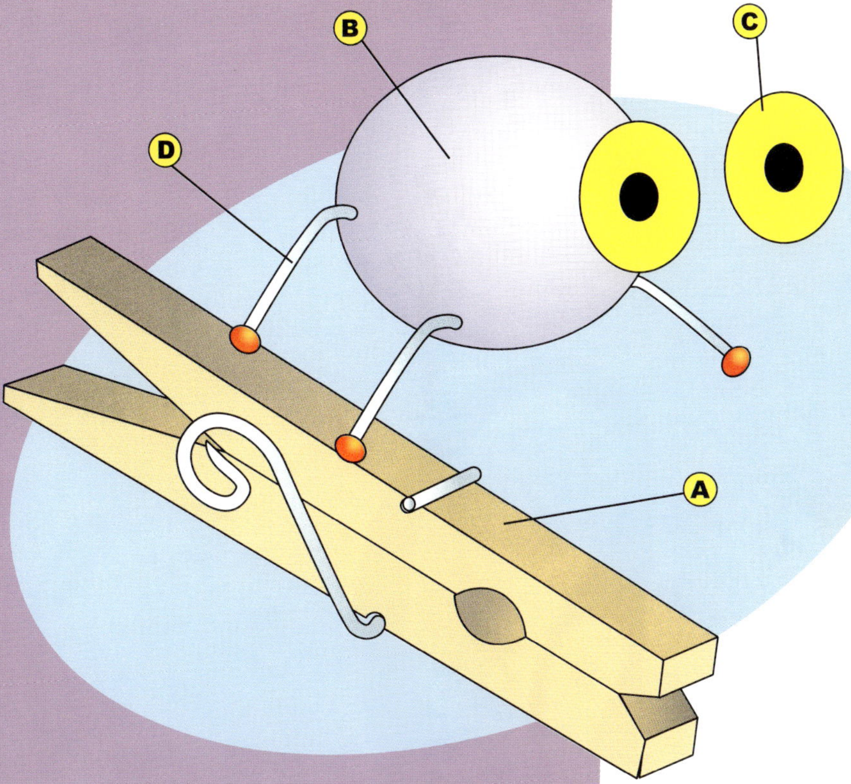

Gráfico 1

Realización

Comienza por pintar las pinzas y las medias esferas, guiándote por los modelos terminados o de la manera que tú prefieras, y déjalos secar.

Dibuja las pupilas sobre los círculos (C), para imitar los ojos.

Montaje

Pega las cabezas sobre las pinzas y luego pega los ojos.

A ambos lados de la esfera, clava los alfileres, que imitarán las patas.

Y ahora ya están preparadas para que tengas tus notas siempre al alcance de la mano.

Piezas

Para cada bicho necesitarás:

- (A) Pinza de madera
- (B) Media esfera de poliexpán de 6 cm de diámetro
- (C) Ojos: 2 círculos de papel blanco
- (D) Patas: 4 alfileres de cabeza de plástico

Cucharón mariposa

Un práctico perchero listo para usar

Materiales

- 1 cuchara de madera
- 4 ganchos de rosca, para colgar
- Cartón
- Cartulinas: blanca, negra, roja y lila
- Pinturas acrílicas blanca, roja y rosa
- Pincel
- Tijera
- Pegamento universal
- 2 colgadores

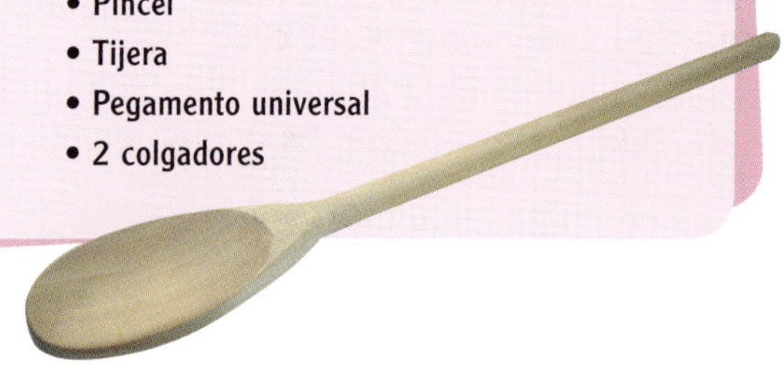

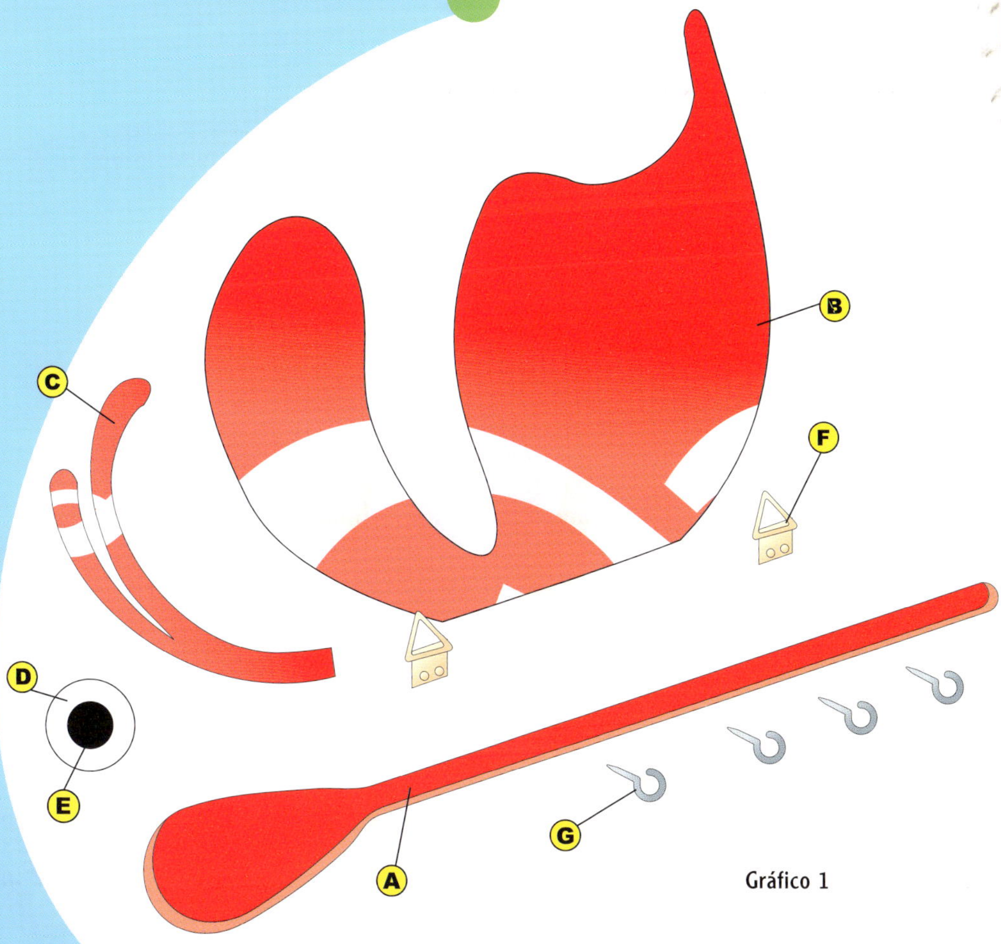

Gráfico 1

Realización

Guiándote por el modelo terminado, pinta la cuchara de rosa fuerte y déjala secar.

Luego, con rosa y blanco, delinea las rayas y dibujos como muestra el modelo terminado. Realiza la misma operación con las alas y las antenas, guiándote por la fotografía.

Pega el ojo (D) y la pupila (E). Enrosca los 4 ganchos que te permitirán colgar objetos.

Pega por detrás de la cuchara las alas y las antenas.

Finalmente, adhiere los 2 colgadores de cuadros, por el revés de la cuchara, para poder lucirla en tu habitación.

Piezas

COLGADOR

- (A) Cuchara de madera
- (B) Alas: 1 pieza de cartulina roja
- (C) Antenas: 1 pieza de cartulina lila

OJOS

- (D) 1 pieza de cartulina blanca
- (E) 1 pieza de cartulina negra

- (F) 2 colgadores de cuadros (para colgar la cuchara mariposa)
- (G) Ganchos a rosca para colgar los objetos o prendas

Plantillas

Traslada las plantillas y córtalas en los materiales indicados.

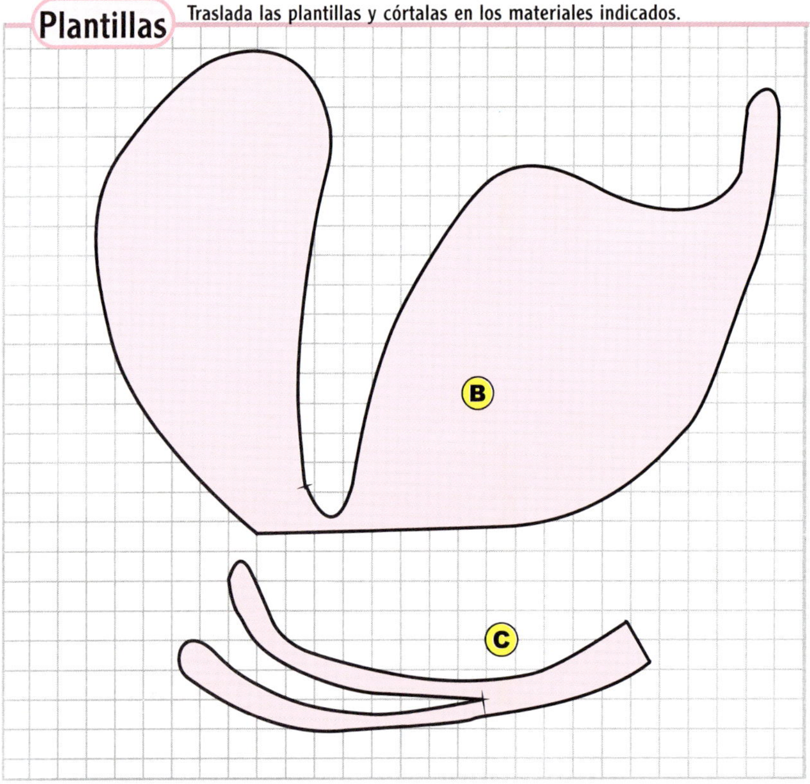

Espejo multicolor

Materiales

- 1 tapa circular de cartón u otro material
- 1 espejo redondo de unos 10 cm de diámetro.
- Palitos de helado (la cantidad necesaria)
- 1 colgador de cuadros
- Acrílicos rojo, verde, azul y amarillo
- Pincel
- Pegamento universal
- Rotulador negro

Importante

El modelo se realizó con 46 palitos de helado, pero tú deberás calcular la cantidad que vas a necesitar, ya que el número dependerá de la medida del espejo y la tapa que utilices.

Piezas

- (A) Tapa circular de cartón o poliexpán
- (B) 1 espejo circular de 10 cm de diámetro
- (C) Palitos de helado (el modelo tiene 46)

Realización

Pinta de negro la tapa de poliexpán (corcho blanco) o cartón (A), que servirá de base al espejo.

Luego, pinta los palitos de helado (C) de los colores indicados y déjalos secar antes de comenzar con el montaje.

Pega el espejo (B) sobre la tapa circular (A), tratando de que quede bien centrado.

Luego, guiándote por el modelo terminado, adhiere los palitos (C) sobre el espejo (B), alternando los colores.

Con un rotulador indeleble negro, realiza pequeños puntos en cada uno de los palillos, como muestra la fotografía.

Para finalizar pega un colgador para cuadros detrás del espejo terminado.

Gráfico 1

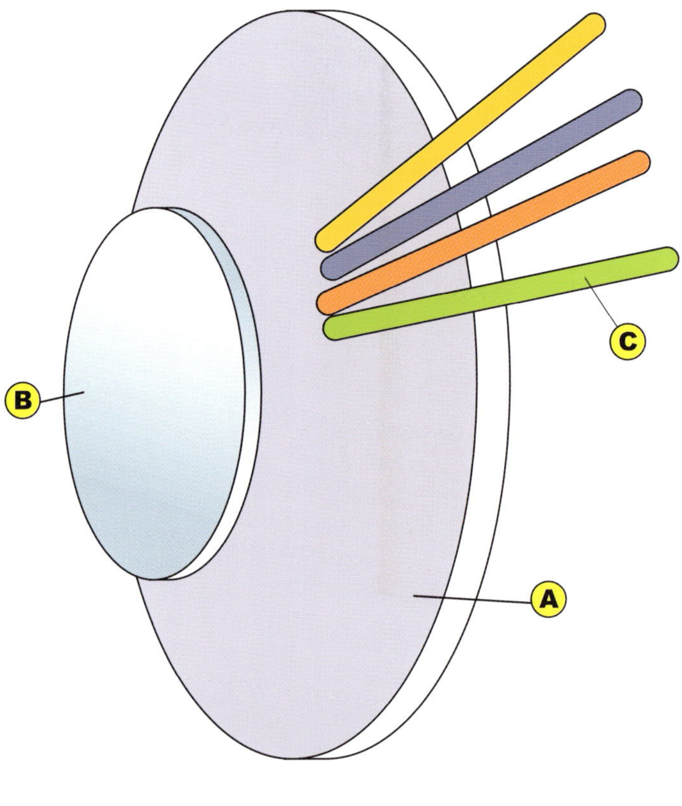

Títere mago

Entra y sale de su escondite

Materiales

- 1 lata de alubias o tomates
- 1 palillo de brocheta
- Fieltro negro, rojo y beis
- 10 cm de cinta dorada
- 1 par de ojos de plástico
- Algodón blanco
- 30 cm de cinta roja
- Pintura naranja
- 1 arandela de madera
- Pegamento universal
- Pincel
- Tijera

Piezas

- (A) Vestido: 1 pieza de tela negra
- (B) Manos: 2 piezas de fieltro beis
- (C) Cara: 2 piezas de fieltro beis
- (D) Ojos: 1 par de ojos de plástico
- (E) Boca: 1 pieza de paño rojo
- (F) Nariz: 1 pequeño círculo de paño beis

SOMBRERO

- (G) Copa: 1 pieza de fieltro negro
- (H) Ala: 1 pieza de fieltro negro

- (I) Cabello y barba: 2 trozos de algodón blanco
- (J) Puño de las mangas: 2 trozos de cinta dorada

BASE DEL TÍTERE

- (K) Lata
- (L) Arandela de madera
- (LL) Terminación: cinta naranja
- (M) Palo de brocheta

Plantillas

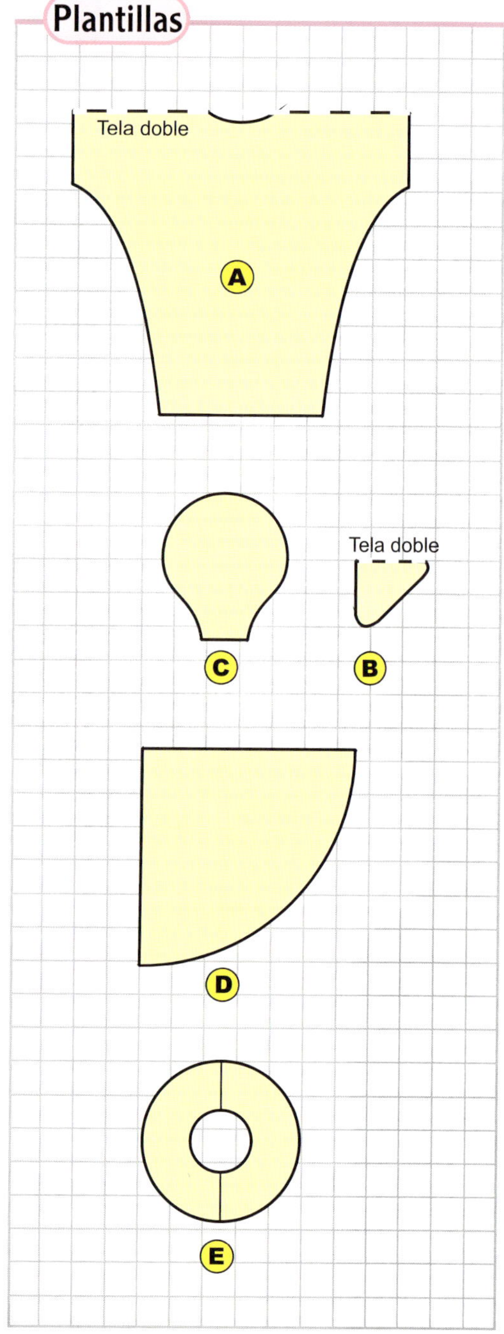

Traslada las plantillas y córtalas en los materiales indicados.

Realización

Comienza por pintar de color naranja la lata (K) y la arandela (L), y déjalas secar.

CABEZA

Coloca ambas piezas (C) una encima de otra y cose o pega el contorno, dejando unos centímetros libres en el cuello. No es necesario que des la vuelta a la costura, ya que la cabeza se cubrirá totalmente con el algodón. Rellena la cabeza con otro trozo de algodón.

Pega los ojos (D). Luego, guiándote por el modelo terminado, pega los trozos de algodón (I): uno sobre la cabeza, para formar el cabello, y el otro sobre la cara para formar la barba.

Recorta el excedente si fuese necesario. Para realizar la boca, recorta un pequeño círculo de tela roja (E) y pégala encima de la barba.

Corta un pequeño círculo de paño y pégalo sobre la cara para formar la nariz (F).

VESTIDO
Superpón los dos trozos de la pieza (A) y cose o pega los bordes. Adhiere las manos (B) dentro de cada puño y cubre la unión con la cinta dorada para lograr mejor terminación.

Pega la cabeza al vestido.

SOMBRERO
Une los bordes de la copa (G) y pégala al ala (H). Para finalizar, coloca alrededor de la copa del sombrero la cinta dorada.

Montaje

Introduce el palillo de brocheta dentro de la cabeza y fíjalo con pegamento.

Pasa el palillo de brocheta a través de la lata. Atraviesa la arandela con el palillo y pégala debajo de la lata.

Adhiere el borde inferior del vestido dentro del borde de la lata. Para lograr una mejor terminación, coloca la cinta sobre la unión de ambas piezas como muestra el modelo terminado.

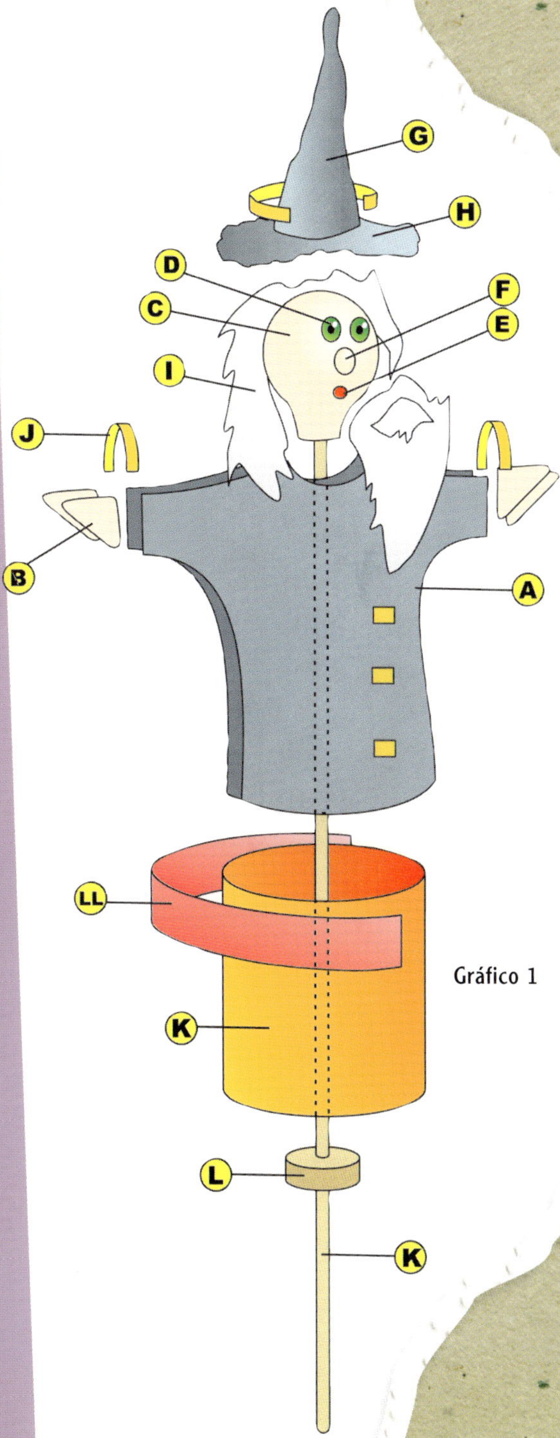

Gráfico 1

Papelera coneja

Materiales

- 1 lata grande
- Tela de peluche roja
- Espuma recortable blanca y rosa
- 1 par de ojos de plástico
- 1 morro de plástico
- Témperas o acrílicos verde, azul y naranja
- Rotulador indeleble negro
- Pincel
- Pegamento universal
- Tijera

Gráfico 1

Realización

Forra la lata con un rectángulo de peluche rojo u otro que prefieras y adhiere los bordes con pegamento.

Corta la base de la cara de la coneja (C); luego, coloca la parte interna de las orejas (I).

Pega los ojos (E), las cejas (H), la boca (D), el hocico (F) y los dientes (D).

Pinta la base de la flor (J) de los colores que muestra el modelo terminado o de los que tú prefieras y pégala sobre la coneja.

Termina el conjunto agregando el centro de la flor (K).

Finalmente, fija la coneja a la papelera de modo que la unión de las telas quede por detrás para lograr una mejor terminación.

Piezas

Corta y prepara las piezas en los materiales indicados:

- (A) Lata
- (B) Forro: 1 pieza de tela roja u otra de tu elección
- (C) Cara de la coneja: 1 pieza de espuma recortable blanca
- (D) Boca: 1 pieza de espuma recortable beis
- (E) Ojos: 1 par de ojos de plástico
- (F) Hocico: 1 pieza de plástico
- (G) Diente: 1 pieza de espuma recortable blanca
- (H) Cejas: 2 piezas de espuma recortable marrón
- (I) Parte interna de las orejas: 2 piezas de espuma rosa
- (J) Flor: 1 pieza de espuma recortable blanca
- (K) Centro de la flor: 1 pieza de espuma recortable naranja

Plantillas

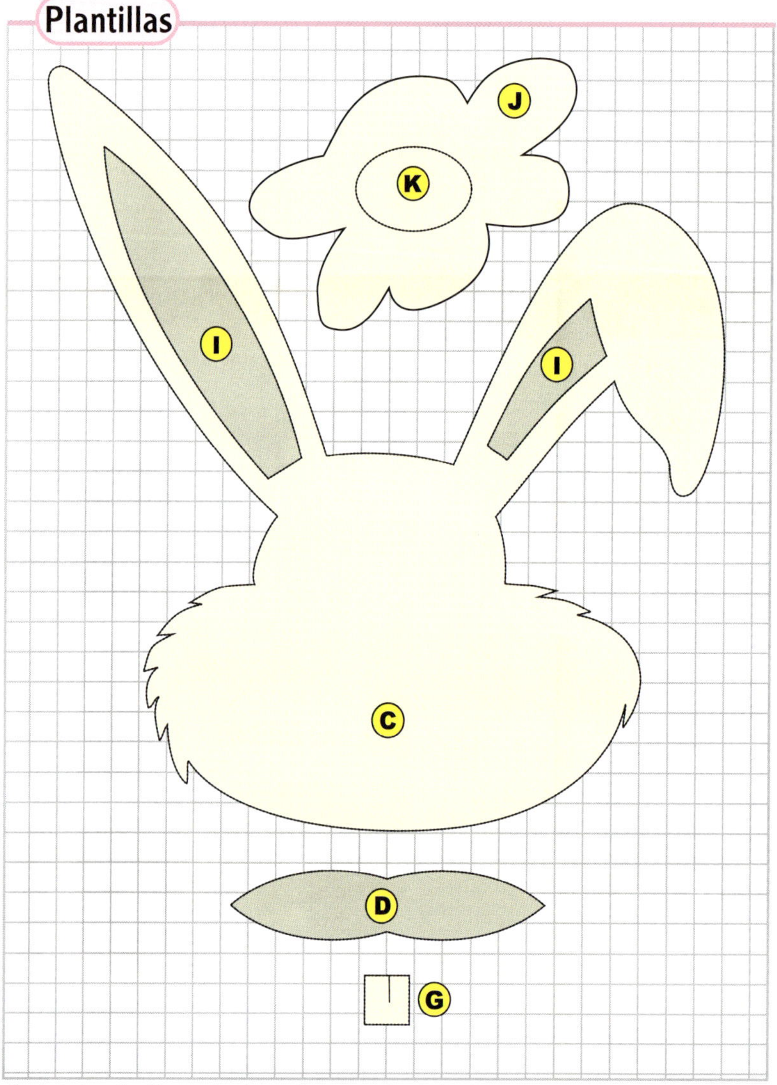

Traslada las plantillas y córtalas en los materiales indicados.

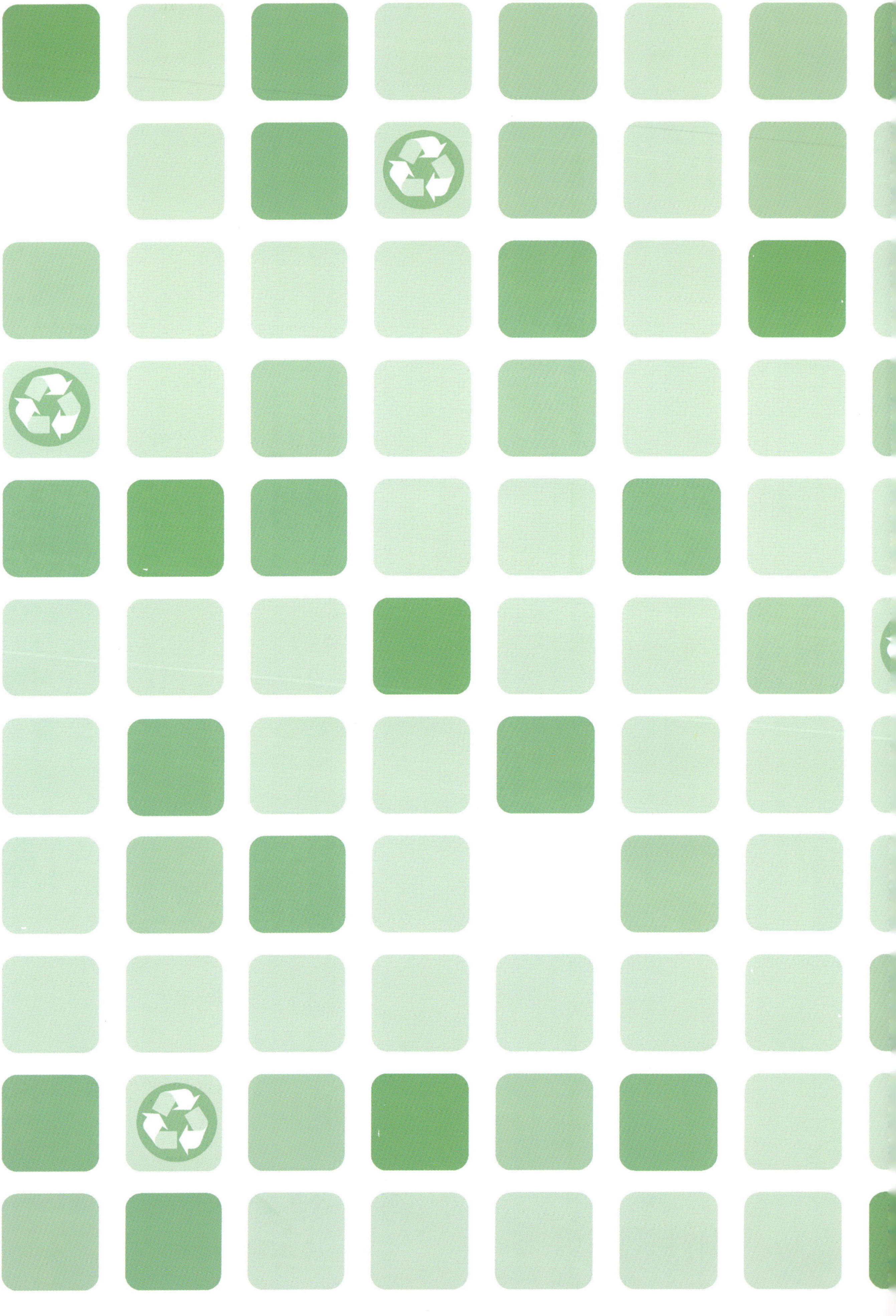